THINK EDIT

編集思考でビジネスアイデアを発見するための
5つの技術と10の習慣

野口孝仁

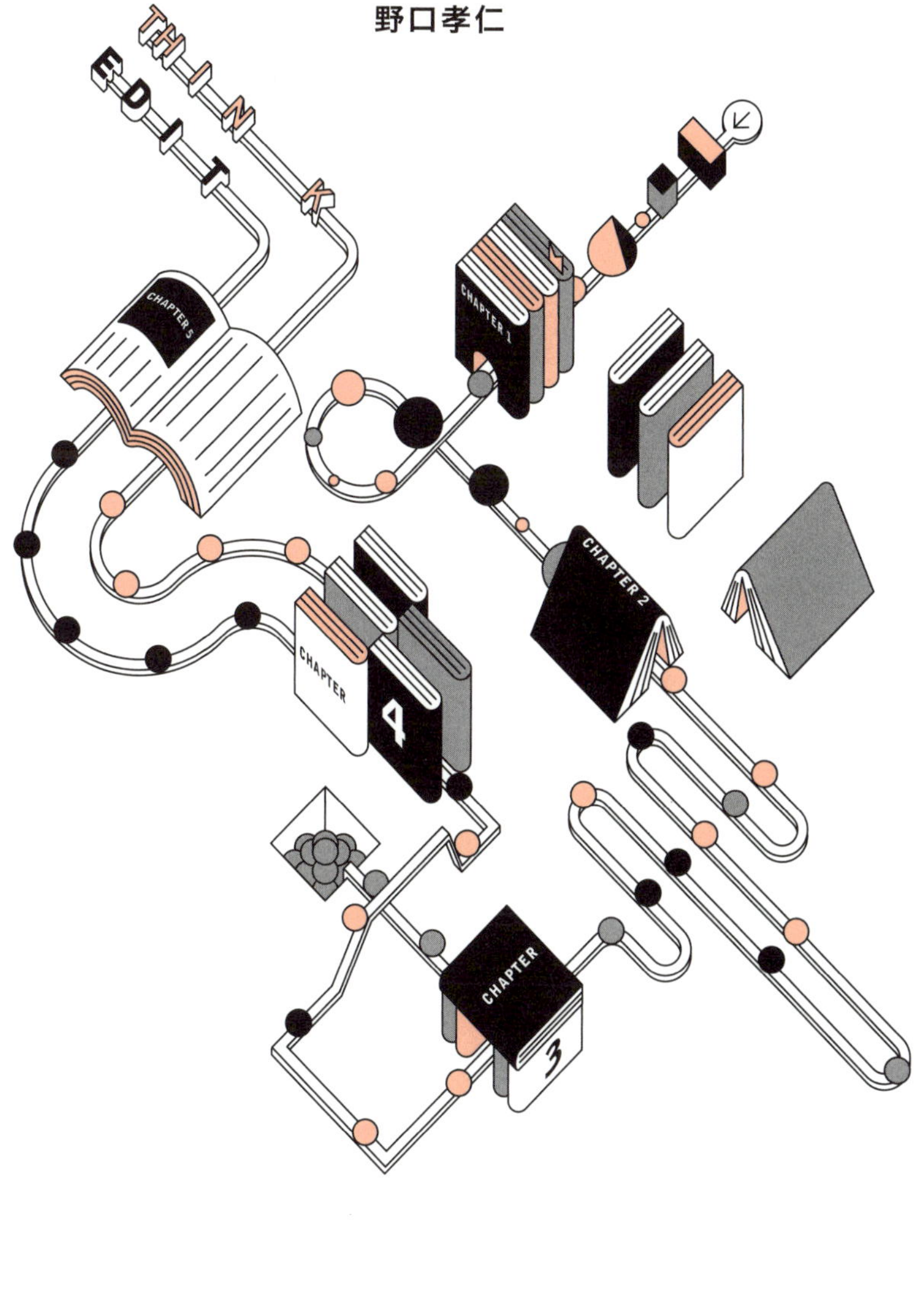

はじめに

およそ30年前、私は雑誌のエディトリアルデザイナーとしてキャリアをスタートし、いまでは企業のブランディングや商品開発・事業開発をデザインの視点からお手伝いする仕事も手がけるようになりました。デザイナーといっても、私の場合、雑誌の特集企画でも新商品開発のかなり初期段階、つまり「アイデア創出」の場面からクライアントとご一緒させていただくことが多いのが特徴です。デザイン以前の問題として、この事業をそもそもどうしていこうかという、モノゴトの「本質的な価値」を見いだし、初期のアイデア会議にこれまでたくさん参加させていただいています。

そこで一つ自慢できるのが、アイデアが出なくて困ったことが一度もない、ということでした。

以前、そのことをあるクライアントに話したところ、ちょっと疑いの目で「そんなにアイデアにあふれているなら、次回はさぞかしよいご提案を期待できますね」と嫌味を言われたことがありますが、これは決してハッタリでもなんでもありません。事実、女子校の図書館リニューアルや老舗和菓子店の新規ブランド立ち上げ、百貨店の売り場のコンサルティング、ショッピングセンターのコンセプトメーキングから化粧品の商品ブランディングまで、まったく異なる分野で私は多様な事業アイデアを提案してきました。

アイデアを出すにはいくつかコツがあり、それがわかれば自然とアイデアは量産できるものなのです。簡単に言うと「思考のリミッターを外して想像力を発散させる」ことです。たとえば、スポーツなどの場面で、上手にプレーしようとして逆に力《りき》んでしまい、結局力が発揮できなかったという経験はありませんか?

実はなにごとにも「アソビ」が大切で、それがリミッターを外して柔軟な思考を生み出すのに欠かせないのです。

新規事業などの立ち上げや既存の経営をいかに革新するかなど、これまでにないアイデアが、ビジネスのさまざまな場面で求められるようになっています。実際、そうしたニーズに対応すべく、ロジカル思考やデザイン思考といったイノベーションのための思考法を紹介するビジネス書も数多く出版されています。私は、さまざまなイノベーション創出の手法に関する書籍を読み、デザインシンキングに関する講義を受け、そのワークショップを体験しました。しかし、実際のブランディングや新規事業開発の現場でこうしたメソッドが使える場面は少なく、他のチームメンバーにも、こうした手法を使いこなせている人はほとんどいませんでした。これら多くのイノベーション創出のメソッドは、先ほどの「アソビ」がなく、日本人にはとっつきにくいのでは？　そんな疑問を持つようになりました。

一方で、私はこれまで30年にわたって1万冊の雑誌づくりに携わってきましたが、こうした雑誌づくりの「編集」の現場では、多くの人が「アソビ」を楽しみながら、誰もがアイデアを簡単に生み出し、世の中に大きなインパクトを与えるような企画を次々と生み出してきていました。私自身、そのノウハウを生かして多くの企業と新しいブランドや新商品、新サービスをつくり出し、そのほとんどが長く続くロングセラーとなっています。また、こうした雑誌づくりを通じて得たアイデア創出のノウハウを、まったく新しい事業創造に生かして、成功しているかつての仲間を多く知っています。「もしかしたら、雑誌の『編集』を通じたアイデア創出こそが、いまの閉塞した日本のビジネスを活性化するのに役立つのではないか」。ならば、その「編集的な思考」は、これまでのロジカルシンキングやデザインシンキングとなにが違うのか。そんな疑問からスタートして、日本人に最も適したイノベーション創出のためのメソッドをまとめたのが、本書です。

モノゴトの本質的な価値がどこにあるのか。そして攻めるべきターゲットはどこにあるのか。世の中にすでにある情報を編集しながらそれらを見つけ出し、新しいアイデアにつなげる。そして、そのアイデアを輝かせるクリエーティブ戦略を編み出す…。そんな新規ビジネスそのものを編集する手法を、余すところなくまとめました。閉塞したビジネスの現状を突破するためのツールとして、本書をお役立ていただければ幸いです。

エディトリアルアートディレクター　野口孝仁

CONTENTS

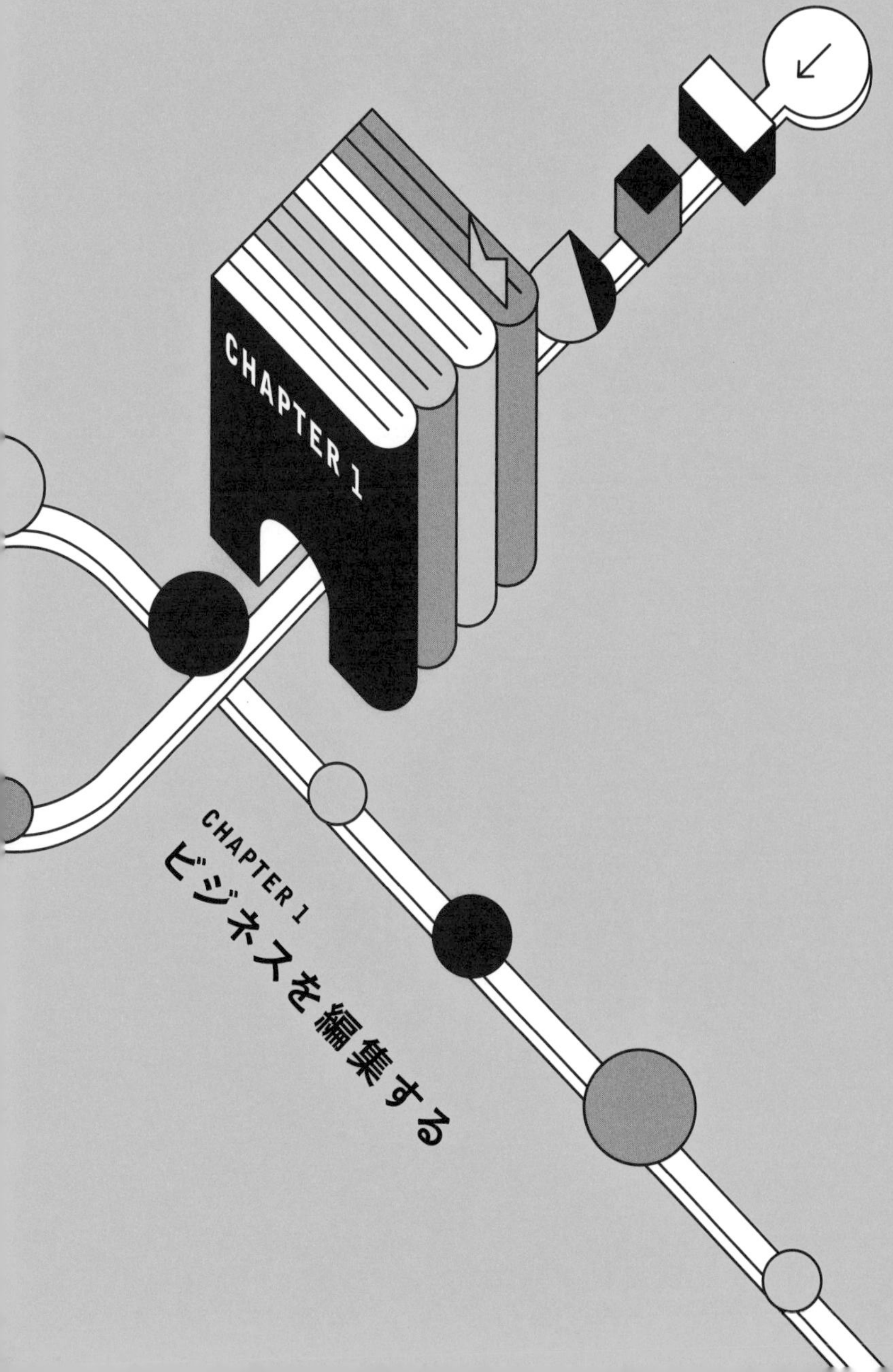

CHAPTER 1 ビジネスを編集する

デザイン思考の限界

製品をリニューアルしたい、新しい事業を立ち上げたい、これまでにないブランドやサービスを立ち上げたい——。既存の事業を粛々と進めていくのではなく、なにか新しいことをやらなくてはならないとき、そこには当然「新しいアイデア」が必要になります。

そのためのブレーンストーミングの手段として、近年注目されているのが「デザイン思考」です。デザイン思考は、ユーザーの観察を通じて使う人の立場になって隠されたニーズを顕在化すること（インサイト）と、そのアイデアを可能な限りスピーディーにかたちに落とし込んで何度も検証を行うこと（プロトタイピング）という、大きく分けて2つの枠組みから成り立っています。

私は実際にスタンフォード大学が提唱するデザイン思考のメソッドを実際に受講

しました。その経験から言いますと、デザイン思考自体はとても洗練されたアイデア創造の手法だと感じました。一方で課題もあります。たとえばその1つが、特に「インサイト」を得るためのフェーズにおいて、それぞれの枠組みで規定されたプロセスが複雑すぎることです。新しいアイデアを出すための各プロセスをこなすだけで、参加者の気持ちがいっぱいいっぱいになってしまうということです。

日本に合ったスタイル＝編集思考

デザイン思考の基本は「ヒューマンセントリック」と呼ばれる思想です。「人間中心設計」と訳されることが多く、これは本来「使う人の気持ち」をなによりも大切にして、そこに寄り添ったアイデアを生み出そうというものでした。しかし現状のデザイン思考は、あらかじめ用意されたプロセスをこなすことだけを優先するメソッドとなっており、本当にそこから「人の気持ち」を見いだせるのか、疑問に感じることがあるのです。

たしかに特定のプロセスを経ることで、使う人の心理状況を効率的に理解することができるかもしれません。その一方で、このプロセスさえこなせば自動的に生み出される、というようなアイデアが、本当に他にはない独創的なアイデアとなるのか、本当につくり手の興味や強い思いに基づいた「熱狂的な魅力」を持ち得るのかということに疑問を感じてしまいます。

大切なことは、与えられたプロセスをこなすことではなく、魅力的なアイデアを生み出すこと。素晴らしいアイデアを生み出すためには、脳がリラックスしたり楽しんだりしている状態が必要なはずです。しかしデザイン思考はプロセスファーストとなってしまい、アイデアを生む「人」の気持ちを考慮していないメソッドになってきているのです。

特に日本人は真面目ですから、デザイン思考の複雑なプロセスをしっかりとこなさないといけないとなると気負ってしまいがちです。そこから柔軟な思考モードへと自分を持っていくのは、なかなか簡単ではありません。またシャイで他人に心を開きにくい日本人の場合、チーム内でのインタビューや議論が盛り上がらないケースも多々あります。つまり、特に日本人が魅力的なアイデアを生もうとする場合、デザインシンキングをそのまま活用するのではなく、日本人に合ったスタイルにする必要があるのです。

常に新しいものが求められる日本のビジネス慣習や、日本人の性格的な特性や考え方に合わせたイノベーション創出の手法はないか。その答えを探すなかで行き着いたのが、自分がこれまで1万冊以上手がけてきた日本の雑誌の「編集手法」でした。常に新しく、そしてキャッチーな企画を生み出し続けるために、雑誌の編集者やアートディレクターが行ってきた編集的アプローチの発想術です。


本書では、その雑誌づくりのノウハウをあらゆる分野のビジネスでイノベーションを起こせるようなかたちに一般化・体系化したメソッドをご紹介します。

具体的なお話をする前に、この章では本編集思考のメソッドの基になった「雑誌」がどのようにつくられてきたのかを簡単にまとめてみたいと思います。そして、そのノウハウを私自身がどのように吸収して、ブランドづくりや新規事業開発に取り組んできたのかを、解説していきます。

ストーリーが感動を与える

デジタルの時代になったとはいえ、日本にはいまだに世界に例を見ないくらいの多様な種類の雑誌という紙媒体が存在します。かつてその種類はもっと多く、その編集部ごとに柔軟なアイデアを出すために独特の土壌づくりが行われていました。つまりそれが編集部のカルチャーを醸成し、独自の編集方針を生み出し、それぞれに熱狂的な読者を抱えていたわけです。ただ、どの編集部にも共通していた姿勢がありました。それは「まず、足で稼いで情報を取ってくる」という姿勢でした。

私が30年前の駆け出しのデザイナーとして最初に雑誌の仕事をした現場は、マガジンハウスの『ポパイ』の編集部でした。当時はいまよりも景気もよく、雑誌に投入できる予算や人員に余裕がありました。たとえば「ニューヨーク」の特集をすると決まると、ウン千万円くらいの予算が出て、いくつかのチームでマンハッタンをまるでローラー作戦のようにシラミ潰しに歩いていくのです。

おそらく事前に綿密なリサーチをすれば、担当編集一人とカメラマンなどの最低限のクルーの現場取材で雑誌の特集はつくれるはずです。インターネットが発達したいまの時代なら、なおさら効率のよい情報収集ができるでしょう。それでも、あえてコストと人手をかけて現場で粘る意味はなんなのでしょうか。それは、手間ひまをかけないと「ストーリーのある情報が生み出せない」からです。

事前のリサーチベースの仕事は、結局、既存の情報をトレースするだけの作業にすぎませんから、その情報にたどり着くまでに驚きも感動もありません。そこには一切のストーリーがつくり出せません。一方、足で稼いで取材をすることで、たとえばこれまで知られていないカフェを発見できたり、偶然素敵なアーティストとの出会いがあったり、小さなローカルの服屋さんの情報が取れたりと、情報量と鮮度に確実に違いが出てきます。

さらに足で稼いだ情報には、これまでにない新しい発見や気づきがあるだけでなく、その情報を得るに至るまでのストーリーが必ず付いてきます。歩き回って疲れ、クタクタになったときにたまたま発見して入ったカフェ、そこにこれまで飲んだこともないおいしいジュースやアイスコーヒーがあったら、そのお店に対する感動と愛着はまったく違ってきますから、その情報を伝える記事にも厚みが出ます。寂しい通りを歩いていて、ふと建物の中を覗き込むと、鮮烈なアート作品を制作している現場を目の当たりにしたり――。そうなると、その感動を伝える人も、一所懸命に自分の見たものを伝えようと創意工夫をするはず。出会いとそのときの感動が、情報にストーリーを与え、最終的にコンテンツ自身が持つ「感動の質」が格段に変化するのです。

お寿司屋さんは、ネタの産地やそのときの鮮度、あぶらの乗り方、身の締まり方に応じて、丁寧に下ごしらえの仕方や調理法を変えて、その日そのときの最高の食べ方を提供して、食に感動を生み出します。背景にどれだけの情報量があるか、どれだけのストーリーがあるのか。それによって、読者に与えられる感動とそこに宿る価値は大きく変わる。そんなことを、私はポパイの編集部を通じて学んだのです。

常に「新しい視点」を求める

また当時のポパイの編集部は、とにかく多種多様な人材の集まりでした。デザイナーは、そもそも画家やイラストレーターを目指していた人も多かったからでしょう。それぞれの人が、独自の世界観や視点を持っており、出来上がる成果物の個性が強い。編集者も、元々は作家志望だったり、学生時代から編集部に出入りしているうちにいつの間にかフリーの編集者になっているような方だったりが多くいました。自分の自発的な興味に従っていたら編集者になったという人ばかり。文学やアート、スポーツやファッション、旅行など、なにかしら突き詰めた知識を持っていたように思います。好きで仕事をしているので、予算を考えず取材したり、ときにはスケジュールも無視。売らなくちゃいけないだのという意識を持っている人は少なかったように感じます。もちろんそれには悪い面もありますが、その多様性こそが、当時の雑誌がワクワクを提供していた源泉だったと思います。

私が関わったポパイの特集で、いまでも覚えているのが「行列特集」のとあるパートでした。その担当編集者は、とにかく会社にいない人でした。

そんな彼の出した企画は、少し変わっていました。行列と聞いてすぐ思い浮かぶものは、たとえばラーメンだったり、ポパイなら入荷してすぐに売り切れてしまう人気のスニーカーだったり、イコールはやりものというイメージです。

でも、そこで彼が取り上げたものは「裁判傍聴」だったのです。ニュースで話題の事件などはたしかに抽選のために行列ができます。でもそれをポパイで、しかも行列の特集という文脈でやろうと思った発想の柔軟さに私は驚きました。つくりも面白くて、そのページで使うイラストレーションは、よくニュース番組などで画像が撮れない裁判中の絵を描き起こす、その道のプロの方にお願いしたもの。その絵だけで特集の臨場感が出たのは言うまでもありません。

行列といえばおいしいお店だろうと、当たり前のように考えていた私にとって、この編集者の視点の面白さは、衝撃的でした。「そうか、モノゴトはもっと自由に考えていいのか」。私は雑誌をデザインするときも、ブランディングを行うときも、企業と一緒に事業開発をするときも、この新しい視点「ニューパースペクティブ」ということを常に意識していますが、その姿勢は、この「裁判傍聴」の編集者から学んだものでした。

王道のなかにも、常に新しい視点や発見があるのが、当時のポパイという雑誌の面白さだった気がしています。「行列」という言葉から、いろんなテーマが連想できる。ブランドというのは、常に新しい視点を取り込みながら、マンネリにならずに新しくあり続けることで、人々に長く愛されることができる。人々の期待に応えながらも、少しだけ驚きや崩した部分があるから、それが映える。そして、その変化球があるからこそ、王道も生きる。ブランドづくりの神髄をそこで見たような気がしました。多様なアイデアを許容し、決して本流ではない部分にも徹底してこだわり抜いてものづくりを行う姿勢こそが、当時のポパイを唯一無二の存在にしている要素であり、また当時の雑誌の面白さだったのだと思っています。

「エピソード」が持つ力

本当に些細な話なのですが、なぜか今でも覚えている、ポパイでの出来事があります。当時としては珍しい、イタリア窯で焼き上げるピッツェリアが東京に登場し、それを取り上げたページのデザインについて編集者と打ち合わせに参加したときのこと。編集者は「窯の片方に薪《まき》を組み、ピザは反対のほうで回しながら焼き上げていく」というような取材時の詳細なエピソードを伝えてくれました。

ピザを窯の中のどこで焼くのかというような情報は、直接的に雑誌をデザインする上では関係ありません。でも、こんないわばなんの役にも立たない昔の話を、私自身がいつまでも覚えていたりするのは、その人が強い感動を持って私にその話を伝えてくれたからだと思っています。

パリのルーヴル美術館に行って、モナ・リザのような有名な絵を、ただ有名だから見に行ったとして、それはあなたの記憶に残るでしょうか？　それよりも、その途中で何気なく出合った別のダ・ヴィンチの絵に感動したとしたら、旅から帰って友達に伝えたくなるのは、どちらでしょうか？　そして、どちらを友達は面白がって聞いてくれるでしょうか？

感動は、心に残る「エピソード」として人々の記憶に残ります。そして、そんな「エピソード」の集合体が、結果的に商品やブランドに「ストーリー」をもたらして、魅力を与えたりするのです。さらに、そこをヒントにアイデアを膨らませながら新しいものが生まれたりするのです。

ビジネスのアイデアを発見するための編集思考のメソッドでも、この「エピソード」情報をたくさん集めることが重要になります。たとえばほかの人や企業がやっていないアイデアを考えるときに、エピソードをベースにした発想力が大きな力を発揮します。

百貨店の新しいフロアづくりについて考えてみましょう。仮に、あなたが目隠しをされてどこかのデパ地下に連れていかれ、そこで目隠しをはずしたとしましょう。自分がどの百貨店にいるのかわかりますか？　日本の企業は、効率化やデータに基づいたマーケティングにおいて、とても優れた力を発揮する企業が非常に多いのですが、確実に個性に欠ける企業が多いと感じています。景気がよくて、なにも考えなくてもそこにニーズや市場があった頃には、物事を数字だけで判断してよかったのだと思います。

一方、いま世界のトップといわれる企業、たとえばアップルやグーグル、アマゾンやフェイスブックなどは、いずれも唯一無二の価値をつくったところばかり。社会に必要とされながら、これまでにない新しい価値観や、企業としての個性があります。そして日本の企業の多くは、そんな個性をいまだに作れていないところがほとんどです。あらゆるものがコモディティ化した時代だからこそ、企業には、人を惹きつけるためのなにかが必要だと思います。

「新しい」とは「個性を持つ」こと

私はデザイナーとしての30年のキャリアを通じて、1万冊以上の雑誌に携わってきました。たとえば商業誌で言えば、ポパイに太陽、GQ JAPAN、マリ・クレール、STUDIO VOICE、東京カレンダー、ハーパーズ バザー日本版、エル・ジャポン、MilK JAPON、FRaU、日経ビジネス、日経ビジネスアソシエ、美術手帖、LIVING DESIGN、住まいの設計、GINZA For Men、レタスクラブ、MEN'S CLUBなどです。また、JALの機内誌やANAの会員誌、カード会社の会員誌、デパートなどの情報誌などなど。これだけ多くの雑誌づくりに関わったアートディレクターは、おそらく世界で私一人だけではないかと思っています。

こうした雑誌を通じて学んだ「個性」を持たせることの大切さ。私自身、それをその後さまざまな雑誌のアートディレクションをするなかで実践してきました。そうした仕事でも印象に残っている雑誌の企画のいくつかをお話しします。

事業を「人格」として捉える

その前に、そもそも雑誌はどのようにデザインされるのかを簡単にお話しします。雑誌デザインのやり方は、大きく分けて3種類あります。先ほどからお話ししているポパイなどは、社内にデザインチームがあり、そこで内製化しています。編集内容とデザインとを可能な限り同じ方向性を持って進めるためには、このやり方が適しています。

ただし多くの出版社では、編集部が外部のデザイン事務所と一緒に仕事をするケースのほうが一般的です。そのなかでも、1つのデザイン事務所が丸々一冊のデザインを担当するところと、異なる事務所がそれぞれの担当ページをデザインするというケースに分かれます。

私たちの会社は、一冊の雑誌を丸々デザインするスタイルを取っています。そのほうが雑誌の世界観を表現しやすいからです。もちろん、さまざまなページをいろいろなデザイン事務所に依頼している雑誌を否定しているわけではありません。多様な個性がカオスのようにあった方が読者には面白いと思ってもらえる、そういう考え方もあってしかるべきだと思っています。

ただ私自身は、映画や小説のように、1つの世界観を雑誌の中につくりたかったのです。現在、ブランディングの仕事も多く手がけていますが、その根っこには、この考え方がありました。

一匹のネズミのキャラクターが仲間や恋人をつくって街をつくり、やがてディズニーという世界ができたように、企業のサービスやブランドにおいても「人格＝世界観」という考え方をはっきりさせることは、とても大切なことだと考えているからです。

この雑誌はどのようなトーンで、どんな言葉を使って話すのか？　性格や趣味嗜好はなに、など、かなり細かい「人物像」を設定して、私は雑誌づくりに挑みます。それは、企業やサービスにも当てはまるはず。ビジネスに「人格」を与えると、愛され方や人とのつながり方、個性の出し方に、大きな違いが出るのです。

さて、私がアートディレクターとして雑誌の個性や世界観を丸々一冊分作る、という仕事を最初に経験したのは、東京ガス都市開発（現東京ガス不動産）の発行していた『LIVING DESIGN』という暮らしの雑誌を通じてでした。

編集部があったのは新宿のLIVING DESIGNセンターOZONEという施設。ここは、建築家と家を建てたい人とのマッチングをサポートしている場所で、家に必要な水回りから家具やカーテンなど、あらゆるショップがそろっている場所でもあります。いまでも人気のコンランショップなども入っている暮らしの提案をする場所。その事業の一環としてその雑誌はありました。

ここで私は、いままでにない雑誌づくりを試みました。まずは編集会議には、自分も編集企画を提案する姿勢で必ず出席することを徹底しました。

編集の企画を一緒に考えながら、写真家などの外部クリエーティブスタッフのキャスティングや現場での撮影や取材の立ち会い、印刷会社との紙選びや造本設計、広告やタイアップのアイデア、売り方など、可能な限り雑誌の世界観を理解しつくりあげることを心がけました。

編集会議に出て企画の段階から参加できると、私が雑誌に対して昔から抱いていたさまざまな疑問を根本から素直にぶつけていくことが可能になりました。

たとえばなんで月刊誌は年12回なのか、別に面白い情報がないときは休んだっていいのではないか。紙や判型は毎号同じである必要があるのか。販売方法は書店しかないのか。雑誌の根本を問いかけることだって編集長にぶつけてみました。

そのほかにも、ファッションカメラマンに商品ブツ撮りや料理を撮ってもらうことはできないか、また大御所のカメラマンに日用品を撮ってもらえないだろうか。背表紙を媒体として年間契約で広告を売れないのか。他の雑誌とコンテンツの相互交換のようなことはできないのか。「ノンブル」と呼ばれるページ表示を広告化できないのか。そもそも目次って必要なのか。ときには横組みにして左開きの洋雑誌風にしてみても面白いのでは。おまけを付けたらどうか、など——。

常に疑い、柔軟にものづくりを

そんな疑問を常に投げかけながら実現した企画が、いくつかあります。たとえば、工芸の特集でつくり手にフォーカスすると決まった編集会議でのこと。職人のみなさんは、基本的には、いわゆる普通の「おじさん」です。普通に取り上げようとすると、その職人の顔写真を撮って掲載するわけですが、おじさんの顔を読者はそんなに見たいと思うだろうか、という疑問が湧いてしまったのです。

読者が本当に知りたい情報はなんだろうか？　その根本に立ち返ってみました。それは、その職人の積み上げてきた経験やものづくりに対する思いであり、地味だけれども誰もが実現できるわけではない技術がなにか、そして職人の仕事に対する真摯な姿勢でしょう。そして、こうしたことを一番冗舌に語っているのはなにかを考えたときに、職人の「顔」ではなく「手」ではないかという結論に至ったのです。そこで、1ページに大きくそれぞれの職人の「手」をみせようと、その撮影を提案しました。

多くの雑誌では、職人さんの顔写真とプロフィール、仕上がった品、仕上げる工程を情報として掲載するのが普通です。でも他と同じことをやっていたら、その雑誌らしさがないですよね。職人の手は、日々の仕事の跡が刻まれていて、分厚くて深いシワができています。それを強調するために、モノクロの写真で表現しましょうと提案しました。結果的に、その号一冊全部をモノクロでと提案して、しかも黒を強く出すために紙を変え、さらにインクも通常の黒よりさらに黒いインクを使用する提案もしました。結果的に、広告以外はほとんどモノクロの雑誌が出来上がったのです。

また、私がLIVING DESIGNで行った最大の提案といえば、「年に一度は海外の特集を」というものでした。暮らしの情報誌として、読者に海外の生活やデザインの情報を伝えることは欠かせないと感じたからです。ただし、大手とはいえない小さな編集部には海外特集のノウハウも多くありません。当時の編集長もたくさん調べてくれて、政府観光局などに企画を出してサポートをお願いしたり、日本人の現地コーディネーターをやりくりしたりしましたが、コーディネーター選びのノウハウがないので結局十分な取材ができないこともありました。

たとえば「ナポリ」の普段の人々の生活を取り上げる特集でも、コーディネーター問題が発生。現地のホテルで特集のレイアウトを切ってみましたが、明らかにこのままでは特集がつくれないことがわかりました。そこで、その穴埋めに夜のナポリの街に出てアポなしでインタビューしたり、プロチダ島という小さな島の取材でもアポなしでいろんな家を取材することになったのですが、結局それが、当初のコンセプトであった「ナポリの人々の普段の生活」を、臨場感をもって伝えられる結果になりました。

こうしたライブ感やドタバタが巻き起こす温度感も、雑誌やものづくりのなかではとても大切ではないかと思いますし、そうした想定外のときの工夫や、そこでリミッターが外れて動いたことが、逆に特集の個性をつくったりするのです。

LIVING DESIGNは普段は右開きの本文縦組の雑誌ですが、海外特集をするときだけは左開き横組みにして、表紙の価格表記に、円とともに取材した国の現地通貨での価格表記も一緒に掲載するのを習わしとしました。オランダ特集をしたときはオランダの美術館にとても気に入っていただき、その価格で実際に売っていただいたこともありました。

このときに私が身をもって知ったのが、「当たり前を常に疑う」こと、そして「現場の体験に基づいて、柔軟に工夫すること」が、個性の強いものづくりのなかで重要になるということでした。多くのものづくりの現場は、ポパイで仕事をしていたときのように潤沢な予算があるわけではありません。そのときに、その場その場に応じた工夫は欠かせません。雑誌づくりは、そうしたトラブルはつきものです。たとえば高級時計の撮影用の小物として用意していたバカラのワイングラスを、撮影時に割ってしまったり。でも逆に、割れたガラス面の陰影が綺麗だったので、その割れた部分に時計をかけて撮影してみると、最初の想定以上に良い写真が撮影できたこともあったりするものなのです。

想定を超えた事態を味方につけるためには、この「当たり前を疑う」ことと「柔軟に工夫する」ことが欠かせませんが、これは雑誌づくりばかりではなくすべてのものづくりに対しても言えること。そう思いながら仕事を手がけています。

真似では個性にならない

創刊から携わった雑誌として、今でも強く思い出に残っているのが『東京カレンダー』です。雑誌を創刊するということは、まさにブランドの立ち上げと同じです。ロゴや表紙を含めて、デザインも編集の方向性もすべて一からつくりあげるという、とてもやりがいがあり、同時に大変な仕事です。

ちなみに、私が創刊からお手伝いした雑誌はおそらく10冊もないかと思います。

つまり、創刊に関わるということはそれだけ貴重であり、アートディレクター冥利《みょうり》に尽きる仕事なのです。

さて、この雑誌を作ろう、となったときに、まず編集部の人々がベンチマークとして考えていた雑誌が、マガジンハウスのブルータスでした。

ブルータスのアートディレクションを手掛けていたのは、私がポパイのデザインをしていた後にお世話になった「Cap」というデザイン事務所で、当時のブルータスの編集長は私がポパイの新米デザイナーの頃にお世話になっていたとても優秀な方でした。

そのタッグでブルータスは、見事にリニューアルに成功していました。おそらくいまのブルータスにも、そのときの影響が色濃く残っているはずです。読者は男性も女性も関係なく、内容も旅や食、カルチャー、ファッションといったあらゆるライフスタイルが対象。情報の鮮度もさることながら、デザインにも鮮度と勢いがあったのを覚えています。

一方で東京カレンダーのターゲットは、社会人になって仕事がようやくできるようになった人たち。取引先との会食や、ときには友人や恋人とおいしい食事がしたいと思っている読者をイメージしていました。そのターゲットに対して、飲食店の情報をメインに、旅やファッション、カルチャーなどライフスタイル全般を届けることを目的としていました。

社会人になってからいままでがむしゃらに仕事をしてきたけれど、その結果、どう人生を楽しんでいいのかわからない。そういう人たちに対し、楽しみのステージを上げるための「指南役」という位置付けの雑誌でした。編集部の方針としては、飲食店の情報を中心に扱うというところに差はありましたが、ライフスタイル全般を扱うという点でブルータスに近いという思いがあったようです。さらには当時のブルータスの勢いにあやかって、デザインイメージや編集の方向性を似たものにしようと考えていたようです。

お店選びを「誰」に相談したい？

もちろん、私は反対でした。成功している池にもう一匹のドジョウがいると思ってしまう気持ちも理解できます。でも、雑誌の存在意義は、自分たちにしか生み出せない価値を作るところにあります。個性があり唯一無二であること、雑誌を含め、あらゆるサービスやブランドの存在価値はそこにあるからです。

編集部が持ってきたラフは、ブルータスにとても似ていました。そこで私は基本に立ち返り、まず雑誌のコンセプトである「読者の最高の指南役」になる人物はどんな人になるのかを想像するところから始めました。

もしあなたが仕事でずっと忙しくしていて、あるとき出世してクライアントとの会食をすることになったとしたら、どうしますか？　ずっと仕事場ばかりでしたから、良い店など当然知りません。そのとき、自分なら、まずおいしいお店をよく知る友人や同僚にオススメのお店を聞きます。やはり日ごろ信頼している方に聞くと思うのです。では、その人はどんな人物でしょうか。自分自身の価値基準を持っていて、たとえばここは北欧のインテリアが素敵だとか、素材にこだわっていて毎朝相模湾から新鮮な魚介類が届いているとか、サービスがとてもよく料理に合ったワインをソムリエが選んでくれるとか、看板もなくわかりづらいけれど秘密のお店みたいで素敵だったなど、お店の良いポイントを自分の言葉で語れる人でしょう。もしそんな人が近くにいたら、恐らく頼りにすると思うのです。

友人だけれども、少し憧れがある人。そんな人物像を雑誌にしたのが東京カレンダーなのでは、と考えました。ですから毎号、情報は量より質を目指しました。おそらく当時のブルータスは一ページに複数のお店を紹介していたはずです。でも東京カレンダーでは、2ページから4ページを使って一店、写真も大きく説明的ではなく雰囲気重視を目指したのです。

写真を大きくするということは、雰囲気を上質に撮影できるカメラマンでないといけません。メインの写真も、基準は「オススメしたいポイント」です。素材が自慢の店ならば、料理そのものより漁港や畑の写真や泥のついた野菜が中心。インテリアが評判のお店は空間をメインに、この椅子に座ってゆったり食事をしてみたくなるような雰囲気だったり、ときにそこからの眺めが素晴らしければ景色をメインにすることもありました。看板のない隠れ家のようなお店は、文章を中心に物語性を出して紹介することも。

お寿司屋さんの特集では、寿司職人が発する言葉の重みがお店の緊張感を演出していると考え、「見出し」をページいっぱいにまで大きくしてみたり。バーの特集では「カウンターがステージ」と見立てて、そこからバーテンダーとの関係が生まれるドラマティックな雰囲気を伝えたく、カウンターのサイズや材質といったスペックを、イラストを活用しながら説明するという試みをしたこともあります。このように「大人のための飲食」をメインとしたライフスタイル誌として、東京カレンダーのイメージとブランドをつくりあげていきました。

中身の方向性が決まれば、次は表紙です。ロゴは中性的であり大人っぽく、品もあり、いい感じのメジャー感と印象に残る強さをイメージして明朝体をベースにオリジナルの文字を制作しました。表紙は新しい雑誌ながら、メジャー感と物語性を伝えられる写真にしたいと思い、タレントをレストランやホテル、バーなどで撮影しました。カメラマンは、多くのタレントさんに信頼がある恩田義則さん。大御所のカメラマンでしたが、丁寧に雑誌の趣旨を説明させていただき、毎号撮影前に打ち合わせをしたり、時にロケハンもご同行いただいたりと、さまざまな協力をお願いした記憶があります。

今の東京カレンダーは私の手を離れましたが、そのときの恩田さんの写真のイメージはまだ残っているはずです。創刊から何年かすると各方面から、たとえば他の雑誌を見て「この写真は東京カレンダーっぽいよね」というお話を耳にすることも多くなりました。その言葉こそが、雑誌としてのエッジが立ち、きちんとブランドになった証拠なのだと、当時はうれしく思ったことを覚えています。おそらく写真だけではありません。2001年に創刊以来、運営会社が代わりながらもこの雑誌がいまでも生き残っているのは、創刊当時に目指した「読者の最高の指南役」という唯一無二の個性を生み出すことができ、そのコンセプトをいまも編集の方が大切にしてくれているからだと考えています。

売り場も編集です

こうして雑誌のアートディレクションを続けるなかで、2009年にリーマンショックが起こると、出版業界が一気に縮小し始めます。雑誌を専門としてやってきたデザイン事務所としての方向性を考え直す必要性がある。そうした中でトライし始めたのが、さまざまな企業のブランディングや新規事業開発を、雑誌づくりのノウハウを生かしてお手伝いするということでした。

百貨店のフロアをオフィスにしてもいい!?

この本の主題である「編集思考」というメソッドは、実はこのときの仕事から生まれています。では、実際にどのようなことをしたのか、実例を挙げてみたいと思います。それが、企業の事業開発を「雑誌づくり」のノウハウを使ってお手伝いすることです。その初期の事例が、札幌大丸のフロアリニューアルの仕事でした。（第5章「対談」180ページを参照）

もともと私は百貨店になぜかご縁があり、過去には会報誌のお仕事で西武そごうや髙島屋、三越伊勢丹などとお付き合いをしていました。おそらく三越伊勢丹などは、一時は外部の取り組み先ランキングでベスト10には入るほどさまざまな仕事をしていました。当時の大西社長のもとで三越伊勢丹は先進的な取り組みを多くしており、そんな良い時期に会員誌のデザインから、内部のプレゼン資料づくりも含めて多くのプロジェクトに関わらせていただき、私自身も質のよい知見を多くインプットでき、それは本当に貴重な体験でした。

その後、大丸松坂屋百貨店の化粧品・雑貨事業を統括する清水宏事業部長から声がかかりました。初めてお会いしたのは、ほかの方もいらっしゃる食事会でのことだったと思います。高度経済成長下では売れに売れていた婦人服が、今は逆に経営の足を引っ張りかねなくなっている状態。いまでもほとんどの百貨店に婦人服売り場が2フロアありますが、特に地方の店舗を中心にそのフォーマットが立ち行かなくなっているなか、新しい売り場のコンセプトが必要になってきている、というお話をしていました。

かつてとある百貨店のトップから「百貨店のフロアはオフィスやホテルにしたっていいと思う」という大胆なお話をうかがったことがありましたが、それほどまでに百貨店は改革を求められています。今回の大丸松坂屋も例外ではなく、問題を改善するべく新しいアイデアやコンセプトを必要としていたのです。

その食事会の席では、地方の百貨店は都心の旗艦店よりも人口減や不景気により、さらに厳しい状況だという話を聞いた記憶があります。通常百貨店は異なるテーマを縦に積み上げたフロアをつくりますが、地方は広さを利用して異なるテーマが横のつながりを持ち、商店街のような雑多なイメージのフロアを作るのはどうかと提案しました。スーパーとは違い、そこでしか買えない地元の方運営の専門店が軒を連ねている。いわば未来の商店街のような百貨店なら行ってみたいですとお伝えしました。

この話を面白がってくれたことから清水事業部長とのお付き合いが始まり、まずは京都の店舗のコスメ売り場のロゴやショッパー、サインなどのクリエーティブコミュニケーションをお手伝いさせていただくことになりました。その打ち上げの折に、婦人服売り場を新しいコンセプトのフロアにリニューアルする話が本格的に立ち上がるという話に興味を持ち、その場でお手伝いをさせてほしいとお伝えしました。結果的にその後約1年間、毎週大丸の本社に通って、コスメやファッション雑貨などの部長をはじめ、経営企画部など数多くの部署が参加しての2時間の会議を行い続けることになりました。これは、大丸松坂屋始まって以来の横断会議だったそうです。

結論を「先出しする」

私はこうしたブランディングのプロジェクトがスタートしたときの会議で、必ず行うことがあります。たとえば今回ならば1年かけて出す答えを、最初の会議の段階で先出しして提案してしまうのです。このプロジェクトの場合は、依頼を受けてから最初の会議までの間はわずか2週間しかありませんでした。短期間のなかでコンセプトやデザイン案を出すのは時間的にも大変な作業ですし、そもそもプロジェクトが本当にスタートするかもまだわからない状態でそこまでするのは、正直リスクもあります。

ですがここまでやらないと、クライアントの多くはなにをすればいいのかイメージが湧かず、プロジェクトが空中分解をしてしまうことがよくあるのです。最終的なゴールがどこにあるのか、クライアントの多くは具体的な姿をよくわかっていません。ですから、なにを決めていけば新しい売り場が出来上がるのか、まず仮置きした答えを見せる。クライアントは、そのことでようやくプロジェクトの着地イメージがつかめるようになるわけです。どんな売り場のネーミングにするのか。そもそもなにを売るのか、ターゲットのイメージはどのようなものなのか。決めなければいけないことをあらかじめ見せておくのです。

このデザイン案は、あくまでも仮のもの。「こういうことではない」と否定をしてくれることこそが狙いです。これをもとにクライアントとの議論を始めることでより活発な意見をいただき、ディスカッションがスムーズになることを狙っているのです。札幌大丸のプロジェクトでは、大きな方向性は清水事業部長がすでにつくっていました。まず女性が必要なものなら、従来の百貨店の売り場のつくり方にこだわらずカテゴリーを区切らないこと。そして商品を奇麗に整理して陳列するのではなく、ワクワクするような見せ方、売り方を優先するということでした。

とはいえ、ひと口に「女性」といっても、その層は幅広いですし、どんな女性にどんな売り場の需要があるのかはまだ未知数でした。また、今回は多くの異なる部署が集まっているプロジェクト。ですから、プロジェクトに参加するみなが意思統一できる「言葉」が必要だったのです。そこで私は依頼を受けてすぐに、社内のプランナーやプロデューサー、アートディレクター、そしてターゲットの女性のイメージに近い社外のスタッフにも参加してもらい、一番最初の会議で答えを先出しするためのプレゼン資料の作成に入りました。

初期の企画は「物議をかもす」ことが狙い

初回のプレゼンの内容について私の中では、ある意味すこしふざけたと思われるような突拍子もないアイデアや若干非現実的なもの、極端に言えば商品を売るための場ではなくてもよいと思っていました。先ほども説明したように、このプレゼンの意味は「最終的になにを決めていかなければならないか」というものを見せるショーケースとしてあればよい、と考えていたからです。

社内のメンバーたちには、自由にリミッターを外してアイデアを考えてもらいました。まずはネーミング。清水事業部長の作ったコンセプトに「賑わいのある横丁のようなイメージ」というのがあり、ならば「縦丁」があったらどうだろうとアイデアを出しました。一見馬鹿げていますが、こうした外したアイデアが出てくるからこそ会議は盛り上がります。まさに勢いのあった頃の雑誌の企画会議で感じた喧騒に似ています。次はなにをやってやろうか。どこに行こうか。誰に会って話を聞こうか……。そんなざわついた感じが、また蘇ったような気がしました。

さて、横丁・縦丁というアイデアを聞いたアートディレクターは、ここで働くスタッフにはボーダー柄を着せたらかわいくおしゃれだねと話を振ります。これに反応してプランナーは「女子にとっておしゃれは大切な要素。ならば英語にして『ストライプ横丁』というのはどうかと話を膨らませます。あえて二重表現にするなら、ストライプの表現は縦縞のほうが面白いかもしれない……。こうして、アートディレクターはストライプをアイコンに売り場やユニフォーム、ロゴをグラフィカルにラフを作ってみることに。横丁らしいサービスとはなにかをプランナーが考えて後日持ち寄り、プレゼンをしたのです。その結果は、見事な賛否両論。

このプレゼンの狙いは、あえて極端なアイデアをぶつけて、「面白い！」と思ってもらえればそれでよし。逆に百貨店側の人々に「我々がしたいのはそういうことじゃない！」と強く思ってもらうことも大事だと思っていました。その意味でこのプレゼンは成功でした。返す刀で、ではどういうことをしたいのかを考えていきましょうと議論を始め、メンバーの本気の思いをくみ取れたからです。みなの思いと、次にそれぞれが最近ワクワクした体験のエピソードを一人一人に語っていただき、さらに、それを2回目の会議までに社内で整理してプレゼンするのです。

こんなことを繰り返しながら1年。最終的に出来上がったコンセプトは「試せる、比べる、楽しめる、ワガママ女子のためのKiKiYOCOCHO」に決まりました。

きっかけは、テキーラ

このコンセプトに決まったきっかけは、ある女子が休みの日に友人と飲みに行ったエピソードからでした。その店には利き酒ならぬ「利きテキーラ」があったという話で、そこから「テキーラ」みたいな量を飲めないお酒ですら、いろいろ試せると面白いし需要が生まれるという会話になりました。そして、試せるというのが女子は好きで、飲み物に限らず化粧品やとにかくいろんなものが試せたら、そこには確実に需要が生まれるというように、だんだんとサービスがかたちになっていったのです。

結局多くの人からの共感を得られるのは、こうした個人的な体験なのです。少し意外なエピソードだけれども、たしかに言われてみれば納得できる、という意外性とリアリティーが共存してさらに鮮度のある情報こそが新規事業開発には大切。これがビジネス的な会議だと、30代で年収がこのくらいで、都内に住んでいて子どもが2人、というような統計的なデータから入りますが、そこからは刺激や気づきは少ないですよね。個人が持つ生《なま》の情報を、多くの人が自分なりのフィルターで再解釈して話を広げたりフォーカスしたり。面白い企画とはそういう「ワクワク」からできあがっていくんだと思います。

さて、KiKiYOCOCHOのその後はどうなったでしょうか？　実際に札幌大丸では、2018年の4月に売り場がオープン。そして2019年3月には、松坂屋名古屋店にも、このKiKiYOCOCHOができ、新しいスタイルの売り場として広がりつつあります。

実は、このKiKiYOCOCHOでは「試せる」というコンセプトとは別の「裏コンセプト」があります。そのコンセプトをつくることになったエピソードが、参加メンバーのある買い物体験でした。そのメンバーはあるシューズショップに行ったとき、店員から「あなたには白いスニーカーが似合う」と勧められたそうです。でも、その店には黒しか置いていなかった。そこで、その店員が向かいの別のお店にならあると教えてくれたのだそうです。もちろんほかの店で買っても、当然その店員の売り上げにはならないのですが、店員は目先の商売よりその客が満足することを優先した。顧客はその姿勢に感動して、この店の常連になったという話です。

これこそ、まさにこの横丁という売り場が目指していた関係性だということになり、各店舗がそれぞれの商品を紹介しあって情報を共有する場をつくることになりました。それが、このKiKiYOCOCHOの裏コンセプト。「カンファレンス」と呼ばれるお店同士の会合を定期的に開催し、これが商店街の寄り合いのような場となり、いまでは店舗みんなでイベントを考えて盛り上げていくということまで始まっています。これもまた、エピソードが持つ情報の強さといえるでしょう。

この札幌大丸の事例をはじめ、最近ではさまざまな企業の事業開発のお手伝いするようになり、それらの多くは、着実な成功を積み上げています。次の章ではそんなさまざまなアイデアをつくってきた私たちの考え方を「編集思考メソッド」として整理してみました。

CHAPTER 2

編集思考に大切な、5つのステップと5つの文型

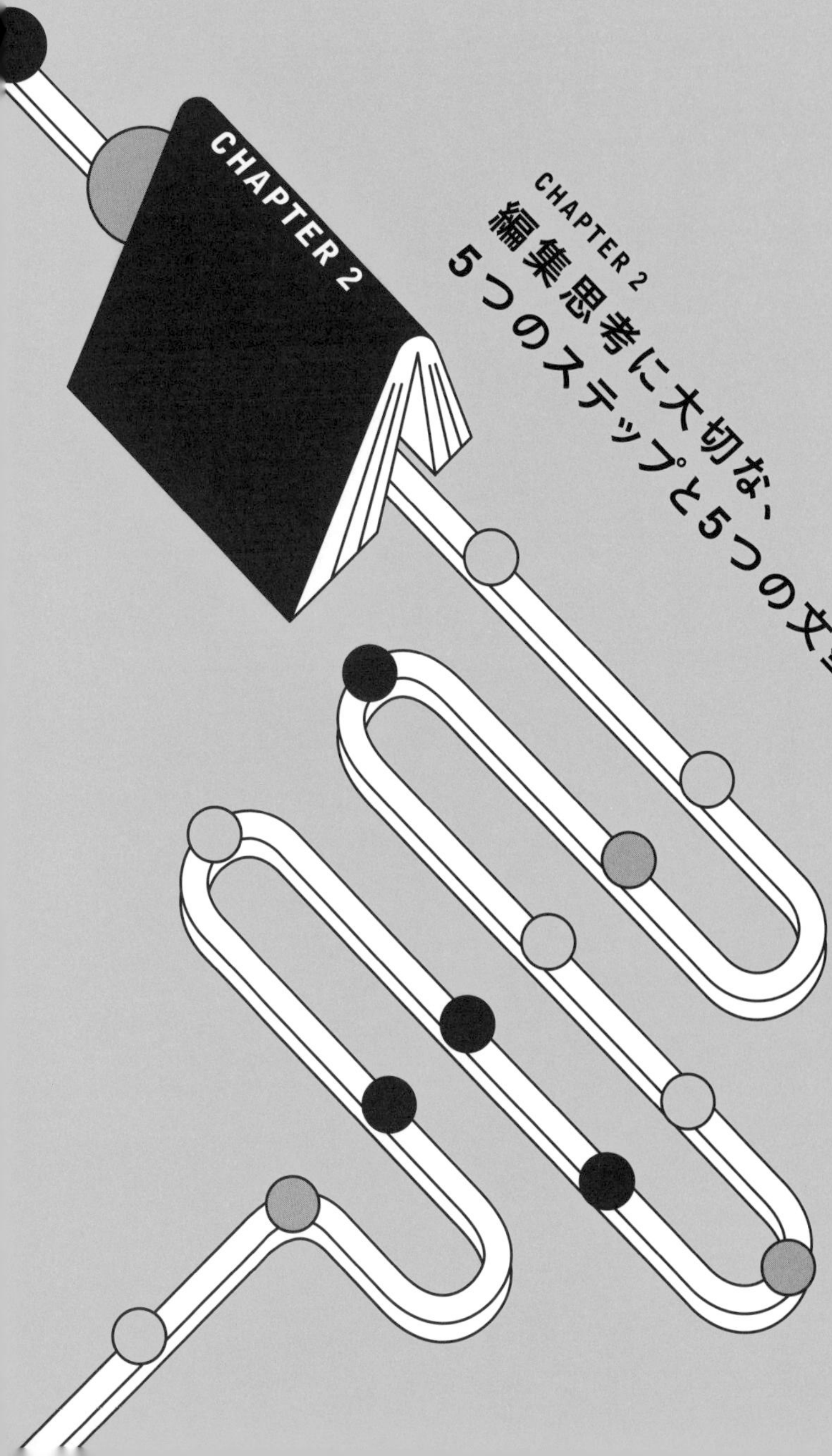

編集思考ってなに？

「編集」とは「ありとあらゆるコンテンツを集めて編む」ことです。そして、編集思考とは、「雑誌編集の場で用いられる視点の持ち方とアイデア創出の手法を使って、新しい価値を導き出す」方法です。その価値は、雑誌の企画にのみならず、新規サービス開発・ブランド開発などあらゆる分野で「新しい視点や価値」を必要とするときに有効になります。

サービス開発やブランド開発をする上で重要なことは2つあります。

1つは、その企業やブランドのコンセプト、理念を表現する「タグライン」の設定です。SONYの「It's a SONY」、ナイキの「JUST DO IT.」、インテルの「インテル、入っている」などがそれにあたります。

タグラインは、そのブランドが消費者に提供する「新しい価値」でもあります。独自の視点からブランドを表現することで、そこにしかない価値をアピールしているのです。

そして雑誌の編集者たちは、このタグラインにあたることばをつくるのが昔から上手でした。なぜなら雑誌には毎号なにかしらの特集が掲載されていますが、「レストラン」「読書」「映画」などの単純なテーマが採用されることはまずありません。レストランなら「美しくなれるレストラン」、読書なら「アートな読書」、映画なら「恋する映画」など、いままでにない視点からテーマをつくり、独自性をアピールしています。そうすることで、「読みたい！」と思わせる取っ掛かりをつくっているのです。

そして、実は、こうしたテクニックは、新規サービスやブランドのタグラインづくりにも活用できます。

サービス開発やブランド開発における2つめの重要なファクターは、ターゲティングとマーケティングです。以前、海外の雑誌のアートディレクターに、「日本ほど雑誌のセグメントが細分化された国はない」という話をされました。

たしかに、日本の雑誌では、ターゲットの年齢やライフスタイルがかなり細かく設定されています。「20代女性向けのファッション誌」というくくりだけでも何10冊と発行されており、ターゲットも「異性受けのよい、上品で可愛らしい女性」「スタイリッシュでこだわりのある大人の女性」「華やかなOLや女子大生」など、雑誌ごとにセグメントされています。そうすることでコミュニティを構築し、独自の世界観を形成しています。

このように、雑誌は、世界観やコミュニティをつくりあげることに長《た》けていきます。これらのテクニックを応用し、新規サービスやブランドの世界観を醸成していきましょう。

さまざまな雑誌の特集テーマに注目しましょう

× レストラン特集
◎ 美しくなれるレストラン

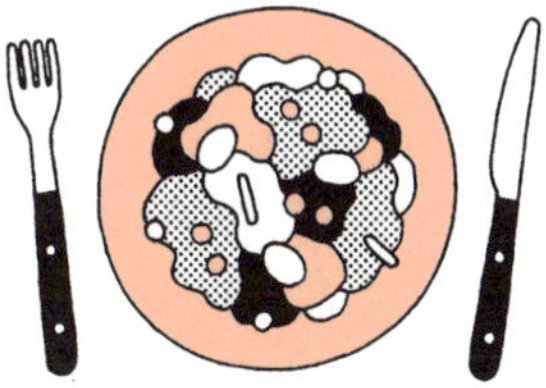

× 読書特集
◎ アートな読書

× 映画特集
◎ 恋する映画

雑誌の特集を見ていると、ただの「レストラン」「読書」「映画」などではなく、「美しくなれるレストラン」「アートな読書」「恋する映画」など、見せ方を変えることで新しい価値を生み出していることがわかると思います。そうすることで読者の興味を引き、「読みたい！」と思わせる取っかかりを作っているのです。

一見、同じ「ファッション」の特集でも
これほどまでにバラエティーに富んでいます

私のド定番

80年代

おしゃれプロ100人

SNAP

Tシャツ

東京のブランド

古着と時計

バッグとシューズ

一見同じテーマを扱った特集でも、さまざまな知見から集めた点（コンテンツ）を集めて編むことで、見え方が変わり、新しい視点が生まれます。

同じ世代をターゲットにした雑誌でも
非常に細かくセグメントされています

雑誌売り場を眺めていると、同じ世代をターゲットにした雑誌でも、消費者の趣味や嗜好に合わせて非常に細かくセグメントされていることがわかります。これは、日本の雑誌の大きな特徴といえるでしょう。

編集とは

ありとあらゆる点（コンテンツ）を
集めて編むことです。

編集思考とは

新規サービス事業、ブランド開発を行う
ビジネスパーソンに向けて、
「雑誌編集《エディトリアル》」で用いられている
“視点”と“手法”を使って、
“新しい価値”を導き出す方法です。

↓

この“集めて編む”手法を使って
生み出される
雑誌特集の新しい視点は、
サービス開発・ブランド開発にも
活用できます。

編集思考ってどうやるの?

最初に、「編集思考」のメソッドを、実際の編集会議を参考にしながら説明します。

雑誌の編集会議では、事前にざっくりとしたテーマを共有し、メンバー全員で企画書や資料を持ち寄り、テーマの内容を膨らませ、発展させることが多いです。

今回は、「架空の雑誌の特集企画をつくる」ことを目標に、私達で編集思考を実践し、その手順と結果を『5つのステップ』としてまとめました。

ところで、雑誌の編集会議と聞いて、あなたはどんな風景を思い浮かべましたか? 私はいろいろな雑誌の編集会議に参加しましたが、大抵の編集会議はワイワイとした雑多な雰囲気のなかで行われています。

真面目な話をする人もいますが、脈絡もなく好きなことを話し始めるような人もいます。机の上には雑誌や写真などの参考資料、企画書などが無造作にならべられていますし、お茶やコーヒー、お菓子などの差し入れを持ち込んでくる人もいます。会議というよりも、ティータイム・トークといった雰囲気でしょうか。

けれども、そんなふうに気取らない雰囲気だからこそ、みんな好きなことが言えて、自由にアイデアが広げられるんですね。一見、本筋とは関係のないような雑談から、「これだ!」という特集が生まれることもあります。

それと同じで、編集思考の核となるのも、「リラックスした空気」と「自由な語り」です。

編集思考では、テーマに関連したキーワードを抽出して、語り合い、ストーリーを広げていきます。ストーリーが広がることでイメージが固まり、それがアイデアにつながるのです。

編集思考の一番の特徴は、肩肘《かたひじ》を張らずに気軽に実践できること。あなたも、ぜひコーヒーやお菓子を用意して、リラックスして読んでみてください。

では、実際の手順を追っていきましょう

STEP 1
▼
ざっくりとした特集テーマを設定します

今回は、旅行雑誌と想定して「ハワイ」と設定。

STEP 2
▼
メンバー全員で、ハワイに関するあらゆるモノやコトを持ち寄り、テーブルの上にならべます

雑誌や写真集、ネットやＳＮＳの記事、ハワイに行ったときのプライベート写真やお土産など、どんなものでもかまいません。ヒントになるネタがあればあるほどグッドです。会議室を「ハワイネタの宝庫」にしましょう。

集めたネタは、カードや付箋を使って、キーワード化してみるのも有効です。「ケンカ」など、一見、飛躍しすぎたキーワードも問題ありません。ちなみに、このキーワードは、「初めて友人と一緒に旅行に行くと、どんなに仲が良くても一度は大ゲンカしてしまうよね」というスタッフのひと言から生まれました。

STEP 3

▼

集まったネタを眺めながら、自分の体験談や人から聞いた情報、知っていることを話し合いましょう

カフェで友人と話をするような、とりとめのない会話でかまいません。とにかく自由に語り合いましょう。

ハワイは新婚旅行と決めているから行ったことがない
ハネムーン
パワースポット
秘密のパワースポットめぐりという本がきっかけで一人で行ってみたい
行くたびに新しい水着買っちゃう そういえば旅行って行く前にお金がかかる
ヨガ
アサイー
水着
ハワイでサップを体験してみた 日本でもやってみたいけどできるの?
最近アサイードリンクがはやっているらしくて東京にも増えた

しばらく話していると、みなが共感できるエピソードが見つかったはずです

今回のやりとりで一番盛り上がったのは、ホテルの朝食ビュッフェに関するエピソードでした。

ホテル
朝食ビュッフェって
飽きやすいし
つい食べすぎちゃう

このことばに対して、「でも、ホテルの宿泊費にはビュッフェ代が含まれていることが多いから、食べないのはもったいないよね」「ビュッフェでお腹が苦しいのに、お昼はお昼で絶対食べたいものがあるから、たまにお腹を壊しちゃう」「水着も着るから、太りたくないのにね」などの共感や広がりがありました。

STEP 4

エピソードや共感ポイントから、隠れたニーズを見つけ そこからインサイトを探し出します

いままでのエピソードや共感ポイントを整理すると、「ハワイを旅する女性は旅先で妥協をしたくない」という潜在因子が見えてきました。ホテルの朝食バイキングも食べたいしランチも食べたい。水着も着たいし、太るのも嫌。つまり、ハワイを旅する女性たちは、「おいしいものも食べたいし、美しくもありたい」のです。

エピソード

→

ニーズ

旅行すると食べすぎて太っちゃう…
でも本当は気にせず満喫したい!!

→

インサイト

ハワイを旅する女性は
旅先で妥協したくない!

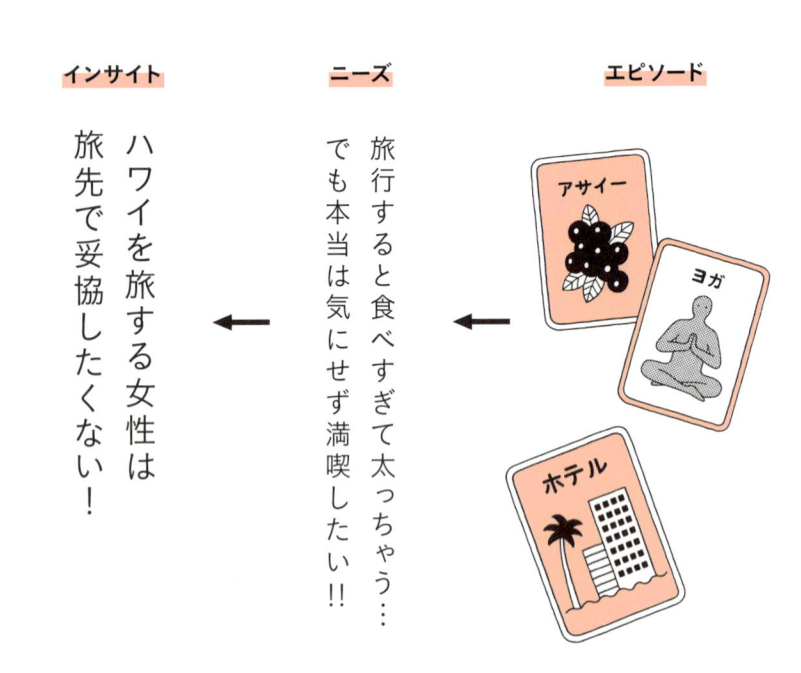

STEP 5

▼

インサイトから新しい価値を見いだし、特集タイトルを設定します

そんな彼女たちに提案する新しい価値は、まさに「健康」でしょう。ひと言にまとめて、「欲張り女子のヘルシーハワイ」という特集テーマをつくりました。

特集タイトル

「欲張り女子のヘルシーハワイ」

←

ハワイの新しい価値！

ニーズを元にインサイトを発見する

編集会議では、みんなが共感したエピソードから消費者の深層ニーズとインサイトを見つけて、「欲張り女子のヘルシーハワイ」という特集タイトルをつくりました。

そうすることで、いままでにないハワイの魅力を提案できたと思います。これらの流れを大まかにまとめると、次の5つのステップになります。

1. ざっくりとした特集テーマを設定する。今回は、旅行雑誌と想定して「ハワイ」と設定。
2. メンバー全員で、「ハワイ」に関連したあらゆるモノ・コト（ネタ）を持ち寄り、モノ・コトをテーブルの上にならべてみる。

3. 集めたネタを眺めながら、自分の体験談や人から聞いた情報、知っていることを話し合い、共感するエピソードを見つける。

4. 会話のなかで発見した「あるある」エピソードに注目。そのエピソードの共感ポイントを整理すると、隠れたニーズが見えてくる。そのニーズを元に、インサイトを発見する。

5. インサイトに対して、特集タイトルを設定する。

なかでも重要なのがSTEP2で、ここでは目に見え、手に取れる「モノ・コト」を集めることが大切です。これらをテーブルの上にならべるのは、ビジュアルがあることで会話のきっかけになるからです。ビジュアルを眺めながら、思いついたことをなんでも口にしてみましょう。

楽しく語り合っていると、相手に共感するポイントが自然と見えてきます。編集思考では、この共感ポイントを大切にしています。みなが共感できるということは、そこにニーズがあるということです。そのニーズからインサイトを発見し、それをコピーに変えていきます。今回の場合は、「欲張り女子」というインサイトが、そのまま新しい価値になり、特集タイトルとなりました。

こうして見てみると、雑誌の特集をつくる作業は、雑誌に限らず、さまざまな分野の「新しい価値」を生み出すこともできそうに見えてきませんか？　実際に私たちは、サービス開発・ブランド開発にもこの考え方を活用しており、多くのサービス・ブランドを実際に立ち上げてきました。

必ずしも全てがそうだとは言い切れませんが、多くの雑誌は多かれ少なかれ、このようなプロセスを経て、特集が作られています。その意味で、書店の雑誌売り場はインサイトの宝庫と言えるでしょう。まずは、試しに本屋さんの雑誌売り場をのぞいてみてください。「これはサービス開発・ブランド開発にも応用できるぞ」というテーマが、いくつか見つけられるはずです。

特集タイトルの決め方をおさらいすると…

ネタを持ち寄る
＝
キーワード

↓

たくさん語り合う
＝
エピソード

↓

共感ポイント
＝
ニーズ

↓

新しい価値
＝
インサイト

↓

特集タイトルが決まる！

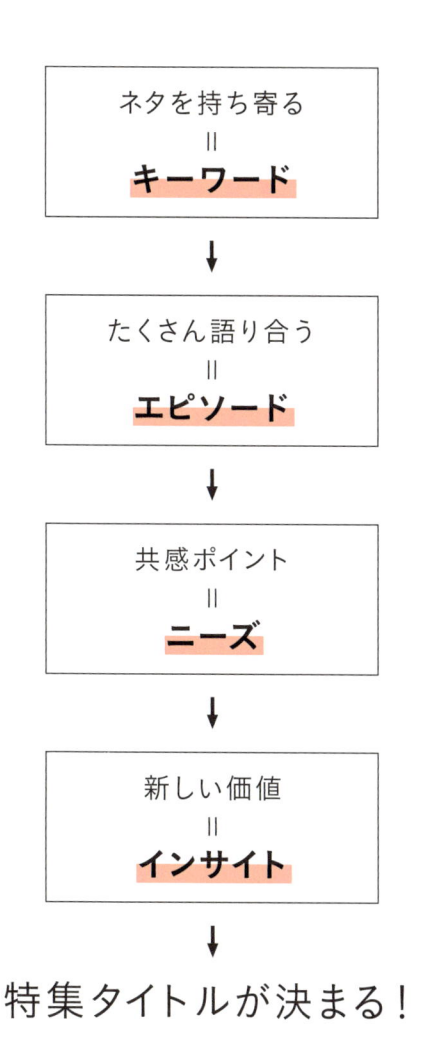

編集思考を活用した新規サービス開発

前節では、大枠で決めたテーマのなかから複数のキーワードを発見し、それらを組み合わせて新しい価値（特集テーマ）をつくっていきました。

では、これを新規商品・サービス開発に置き換えた場合はどうなるでしょうか。例えば「コーヒー」というテーマで、新規サービスを開発してみたとします。その流れは、左のような形になるはずです。

まずはコーヒーに関連したキーワードを30点ほど集めてみます。一見関連がなさそうなもの、共感が得られなさそうなものも、思いついたらどんどん挙げていきましょう。

キーワードを抽出したあとはキーワードに関連したエピソードを語り合います。

エピソード

よくカフェを暇つぶしで
利用するんだけど
この前行ったカフェは
なんだか落ち着かなくて、
すぐに出ちゃったんだよね

↓

ニーズ

もっとおしゃれで、ゆっくり仕事や勉強をしたり
リラックスできる場所がほしい!

↓

インサイト

会社、学校、家とは別の
居心地のよい場所がほしい!

↓

新しい価値

サードプレイス

「コーヒーショップは待ち合わせに最適だよね」「店内で、仕事や勉強をする人も多いよね」など、さまざまなエピソードを発見できたと思います。

そのなかで、「カフェで暇つぶしをすることが多いけど、この前行ったカフェは落ち着かなくて、すぐに出ちゃったんだよね」と話した人がいたとします。店内も狭くて、隣の人の話し声も気になった。そんな空間では落ち着いて読書もできない、と言うのです。

そこからわかるのは、「もっとおしゃれで、ゆっくり仕事や勉強をしたり、リラックスできる場所がほしい」というニーズでしょう。では、このニーズから発見できるのは、一体どんなインサイトでしょうか。私は、それこそが「サードプレイス」というインサイトだったと思うのです。

サードプレイスとは、自分の家や職場とは隔離された、居心地のよい「第三の居場所」のこと。この概念を日本に普及させたのは、1995年に日本法人を設立した、米シアトルのスターバックスでしょう。

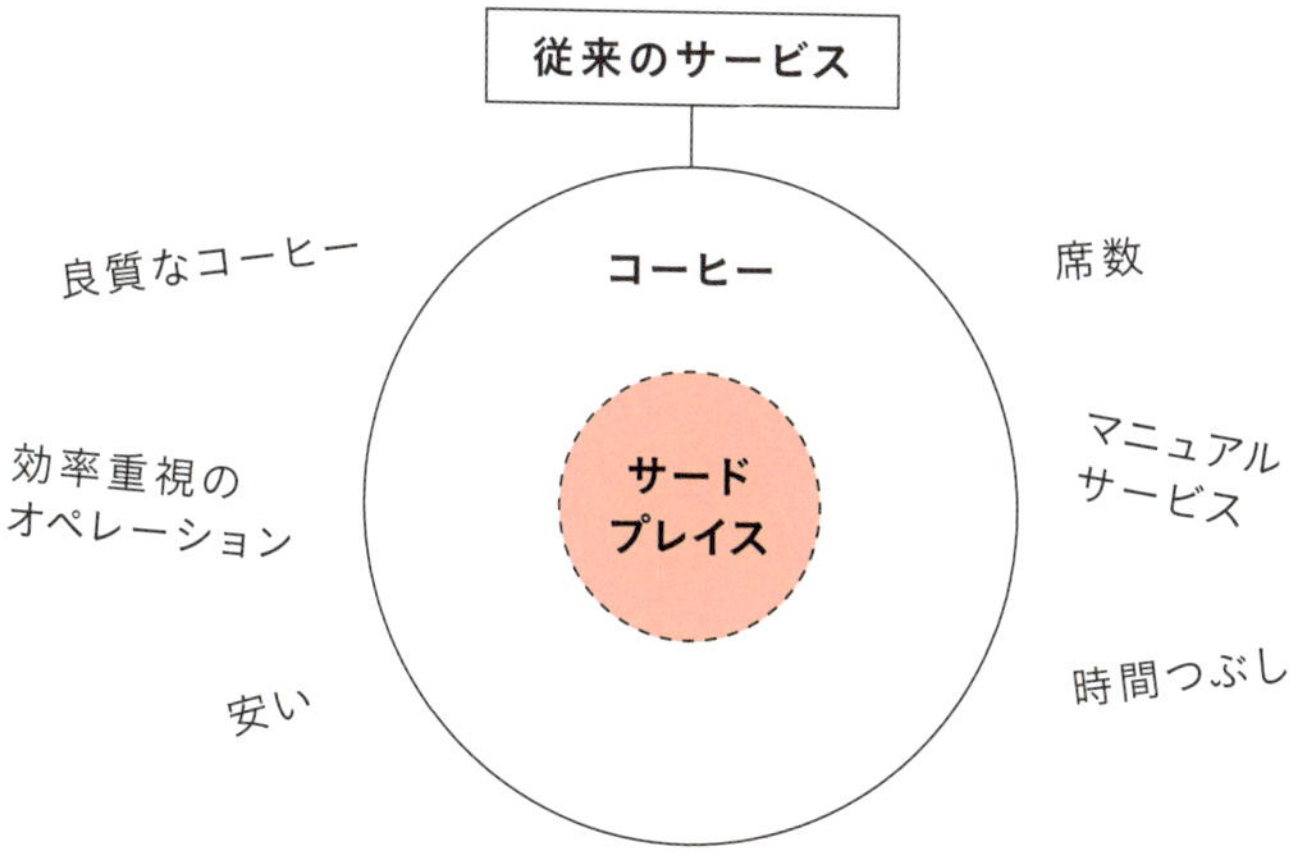
従来のサービス
コーヒー
サード
プレイス
良質なコーヒー
効率重視の
オペレーション
安い
席数
マニュアル
サービス
時間つぶし

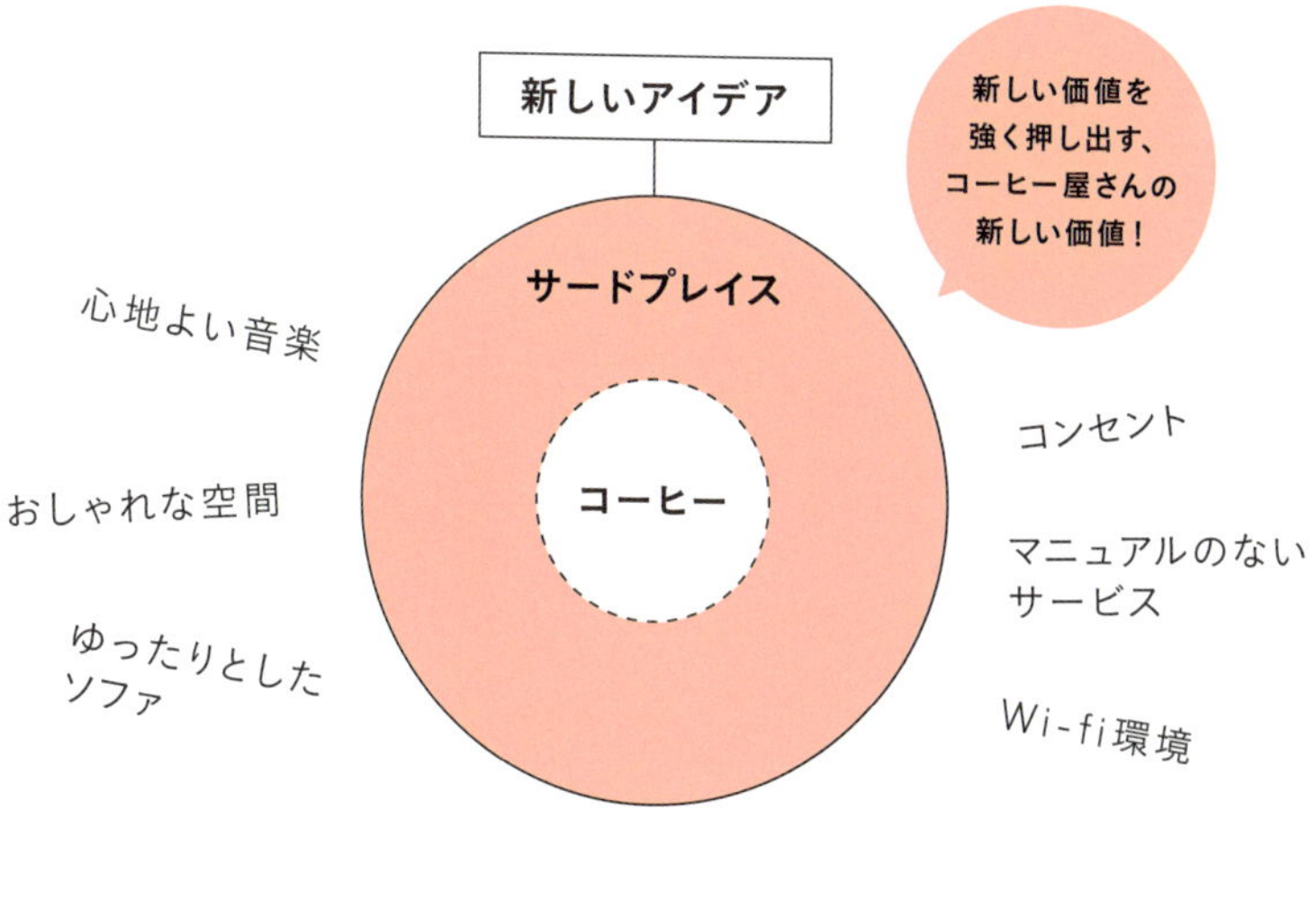
新しいアイデア
新しい価値を
強く押し出す、
コーヒー屋さんの
新しい価値！
サードプレイス
コーヒー
心地よい音楽
おしゃれな空間
ゆったりとした
ソファ
コンセント
マニュアルのない
サービス
Wi-fi環境

けれども、スターバックス以前に日本に根付いていた街の喫茶店や、ドトールなどのチェーン店にも、サードプレイスとしての価値はあったと思います。ただし、これらのお店がメインで掲げている価値は、あくまで「コーヒー」であって、「サードプレイス」ではありませんでした。

メインの価値が違えば、ショップの売り方や見せ方にも大きな違いが発生します。

たとえば、「コーヒー」をメインの価値に設定しているコーヒーショップは、良質でおいしいコーヒーを提供する必要があります。ただしコーヒーにこだわっているお店はほかにもたくさんあるので、競合他社との価格競争に巻き込まれる可能性も高いでしょう。他社との競争に勝利するためには「効率重視のオペレーション」「安さ」「席数」「マニュアルサービス」などの価値も重要になってくるはずです。

一方、「心地よい空間」をメインの価値に設定しているサードプレイスのコーヒーショップは、空間づくりで勝負する必要があります。そこで重視されるのは、

「おしゃれな内装」や「素敵な音楽」、誰でも使える「Wi-Fi環境やコンセント」、店員とお客がリラックスして会話できる「マニュアルのないフレンドリーな接客」などでしょう。

スターバックスでも、椅子や机の材質を工夫したり、オリジナルのコンピレーションCDを販売したりしながら、サードプレイスとしての価値を強化しています。

このように、そのお店がもともと持っているコンテンツでも、売り方や見せ方を変えるだけで、従来とは違う価値を生み出すことができます。

そして、これこそが、編集思考を活用したサービス開発なのです。

実際に体験してみよう！

では、これまでの経験を思い出しながら、実際にサービス開発をしてみましょう。

編集思考は、雑誌の編集会議を下敷きにしてつくっているので、大まかな流れも編集会議と同じです。

まずは事業の方向性に沿って、ターゲットをざっくりとセグメントします（STEP 1）。次に、テーマにまつわるエピソードを語り合い、消費者のニーズを探っていきます（STEP 2、3）。発見したニーズからインサイトを見つけ（STEP 4）、サービス開発のコンセプトに設定するのです（STEP 5）。

いままでに紹介した方法を使えば、STEP 3までの「エピソードからニーズを探る」までは、あまり苦労なく達成できたかと思います。ただ、STEP 4の

「インサイトを見つける」という段階が難しいという方もいるかもしれません。

そこで、ここではインサイトを見つけるために、私が実際に使用している「編集メソッド 基本の編み方5文型」を紹介します。「1. 人物編み」「2. 場所編み」「3. 時間編み」「4. 対比編み」「5. 異素材編み」という5つの視点からモノゴトを眺めるという方法で、これを使えばどんな人でも比較的簡単にインサイトを発見できます。

ポイントは、ひとつのモノゴトを違った視点から何度も咀嚼《そしゃく》してみること。そうすることで、そのモノゴトに含まれる、新しい価値が発見できるはずです。

といっても、最初はあまり肩肘張らず、気軽に挑戦してみてください。

「一度でやろう」「完璧にやろう」とは思わず、粗削りでもいいので、とりあえず最後までやってみましょう。イメージするのは、編集会議の「リラックスした」雰囲気です。

仮に、「コーヒーの新ブランド」という設定で、
商品・サービス開発をしてみましょう

STEP 1
▼

ターゲットをセグメントしましょう

今回は、「20～30代のカルチャー好きの女性」をターゲットに設定しました。ざっくりでかまいません。

コーヒーブランドのテーマを決めます

今回は練習なので、テーマもシンプルにあまりひねらず、「コーヒー」とだけ設定しましょう。

STEP 2

▼

コーヒーから連想するキーワードを ひたすら挙げていきましょう

もちろん、一見突飛なキーワードも歓迎です。鉄板ネタから変わりダネまで、自由に連想しましょう。

STEP 3

キーワードが出そろったあとは、各々自由にエピソードを語り合います

この前、純喫茶めぐりをしたときに、
お気に入りのお店を見つけた。
どうやら有名な作家さんも通っているらしい。
今度は本を持って行ってみようかな

シアトル旅行で入ったカフェ。
店員さんがフランクな人で、
産地別にテイスティングさせてくれた。
かなり味が違うことにびっくり

友人が和菓子を持ってきてくれたときに
たまたま緑茶がなくて
ブラックコーヒーをいれたら、
意外と相性抜群だと気づいた

STEP 4

エピソードを参考に、
消費者のニーズを探りましょう

作家が愛した喫茶店が知りたい！

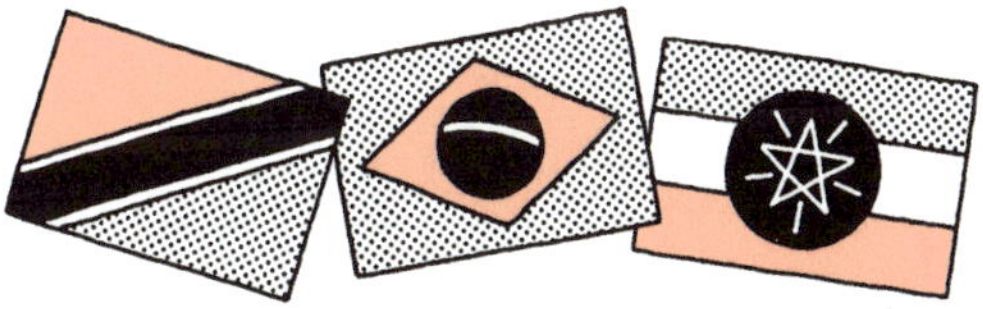

いろいろな国のコーヒーの味が知りたい！

この意外な組み合わせ、
ほかの人にも体験してほしい！

STEP 4（続き）

▼

これらのニーズを参考に、インサイトを発見してみましょう

ニーズ自体は発見できても、それをインサイトに結びつけるのは難しいかもしれません。そこで役に立つのが、この「編集メソッド 基本の編み方 5文型」です。

1. 人物編み
2. 場所編み
3. 時間編み
4. 対比編み
5. 異素材編み

ここでは、先ほど見つけた「作家が愛した喫茶店が知りたい」というニーズを対象に、「編集メソッド 基本の編み方 5文型」を活用してみましょう。

1. 人物編み

「人物編み」では、やはり人物にフォーカスが絞られます。「作家」はもちろん、「店主」や「お客」など、人物そのものに注目してみましょう。作家はどんなオーダーをしたのか、店主の腕は確かなのかなど、さまざまな思考をめぐらせながら、インサイトを想像します。

↓

インサイト

「著名人が好んだ味を体験してみたい」

2. 場所編み

「場所編み」では、喫茶店の「所在地」はもちろん、「席や窓の位置」といった空間にフォーカスを合わせます。「あの作家はどこに座ったのか」「いまでもそこに座れるのか」など、考えるだけでワクワクしてきませんか？

↓

インサイト

「作家が座った席に座ってみたい」

3. 時間編み

「時間編み」では、「作家の生きた時代」「深夜の喫茶店」など、時間に注目してみましょう。作家の生きた時代に行って、彼らの生活風景を観察したり、一緒に食事を楽しんだりしたりできたら面白そうです。

↓

インサイト

「作家が通った時代にタイムトラベルしてみたい」

4. 対比編み

「対比編み」では、テーマの中心である「コーヒー」や「喫茶店」と対になるものに注目します。「喫茶店に通う作家がいるように、居酒屋に通う作家もいただろう」などと考えながら、舞台をスライドさせていきます。

↓

インサイト

「文豪が好きな喫茶店とか居酒屋って憧れる」

5. 異素材編み

「異素材編み」では、「コーヒー」や「喫茶店」とは関係のない視点から考えます。たとえば、純喫茶に通っていた作家は、なんとなくハイカラな感じがしますよね。彼らの服装や生活様式は、現代にも生かせそうです。

↓

インサイト

「純喫茶に通う作家のおしゃれを学びたい」

STEP 4（続き）

▼

これらのインサイトから新しい価値を考えてみましょう

インサイト		ニーズ
著名人が好んだ味を体験してみたい	←	作家が愛した喫茶店が知りたい！
作家が座った席に座ってみたい	←	
作家が通った時代にタイムトラベルしてみたい	←	
文豪が好きな喫茶店とか居酒屋って憧れる	←	
純喫茶店に通う作家のおしゃれを学びたい	←	

新しい価値は、雑誌の特集タイトルのように、わかりやすくまとめます。「著名人が好んだ味を体験してみたい」というインサイトなら「作家が愛したコーヒー」、「作家が座った席に座ってみたい」というインサイトなら「居心地のいいカフェ」など、こんなことばが特集タイトルに良さそうです。

新しい価値

『作家が愛したコーヒー』 ←

『居心地のいいカフェ』 ←

『昭和レトロな純喫茶』 ←

『文豪が愛した銀座の名店』 ←

『カフェオレとセーター』 ←

STEP 5

▼

最後は、上記で見つけた新しい価値から、
実際の商品をつくります

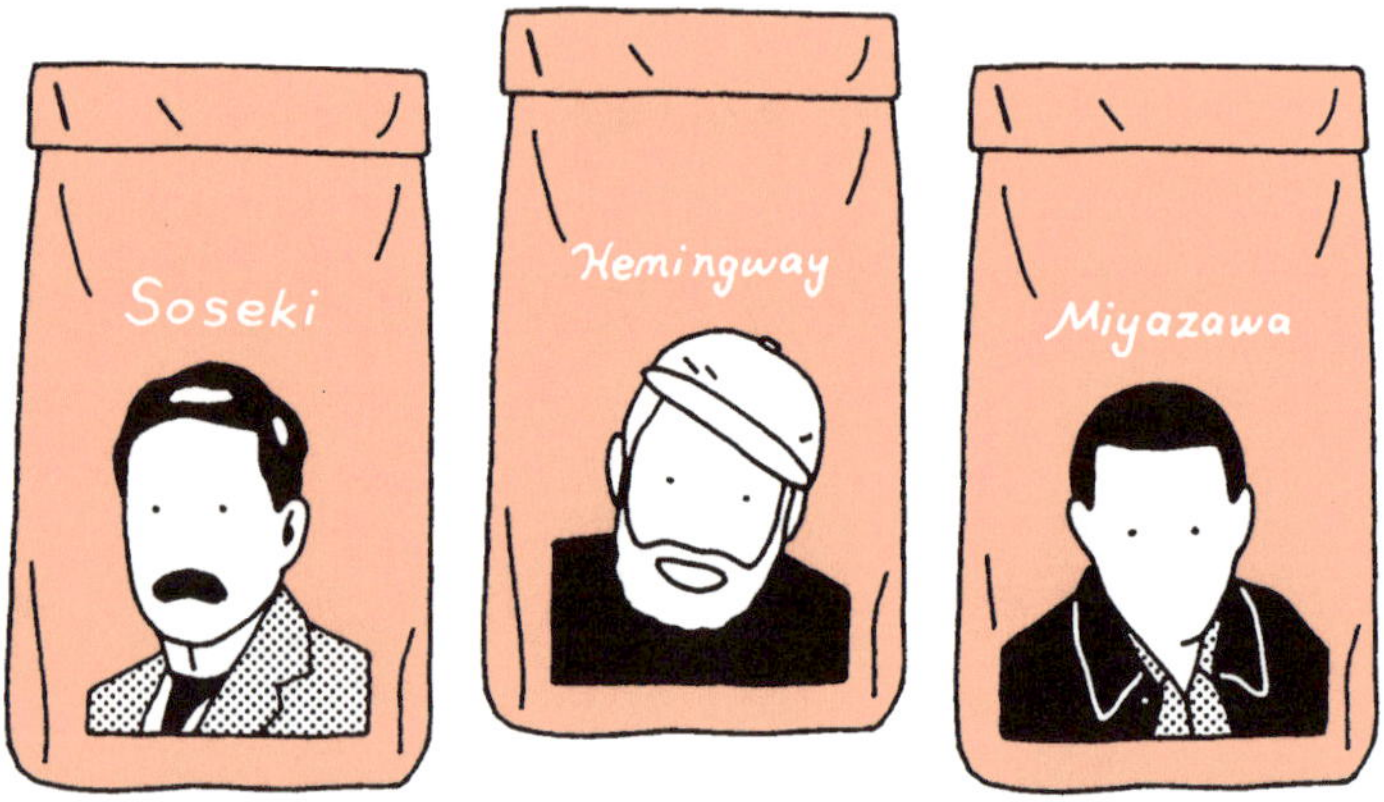

『作家が愛したコーヒー』

今回は『作家が愛したコーヒー』という価値を採用し、作家をモチーフにしたブレンドコーヒーをつくりました。作家が飲んだといわれるコーヒーをリサーチして、それに近い味わいを再現しました。

商品名を作家の名前にすることで、「コーヒーを通じて作家に合える」という新しい「めぐり合い方」をつくりました。そうすることで、いままでとはまったく違うコーヒーの価値を提案しています。

応用

前節『実際に体験してみよう！』では、「編集メソッド 基本の編み方 5文型」として、「1. 人物編み」「2. 場所編み」「3. 時間編み」「4. 対比編み」「5. 異素材編み」を提案しましたが、こうした編み方には基本5文型以外にもたくさんのパターンがあります。

価値感や人生観、生活習慣にフォーカスを合わせた「ライフスタイル編み」、色という視点から考える「色編み」、ことば遊びで考える「ことば遊び編み」など、いろいろな編み方を試しながら、自分が一番やりやすい編み方を見つけてください。

そのほかの編み方を紹介します

ライフスタイル編み

価値感や人生観、
生活習慣に
フォーカスを合わせる

色編み

色という
視点から考える

ことば遊び編み

方言やダジャレ、
逆さことばなどを
考えてみる

コミュニティー編み

地域の風習や
人々の関係性を
参考にする

⋮

⋮

「人物編みは難しいな」と思えば、「ライフスタイル」「色」「ことば」など、違った視点に切り替えてチャレンジしてみてください。最初はうまくできないかもしれませんが、繰り返すうちに、自分のやりやすい方法や、気に入った方法が見つかってくると思います。

編み方はひとつだけではなく、組み合わせは無限です

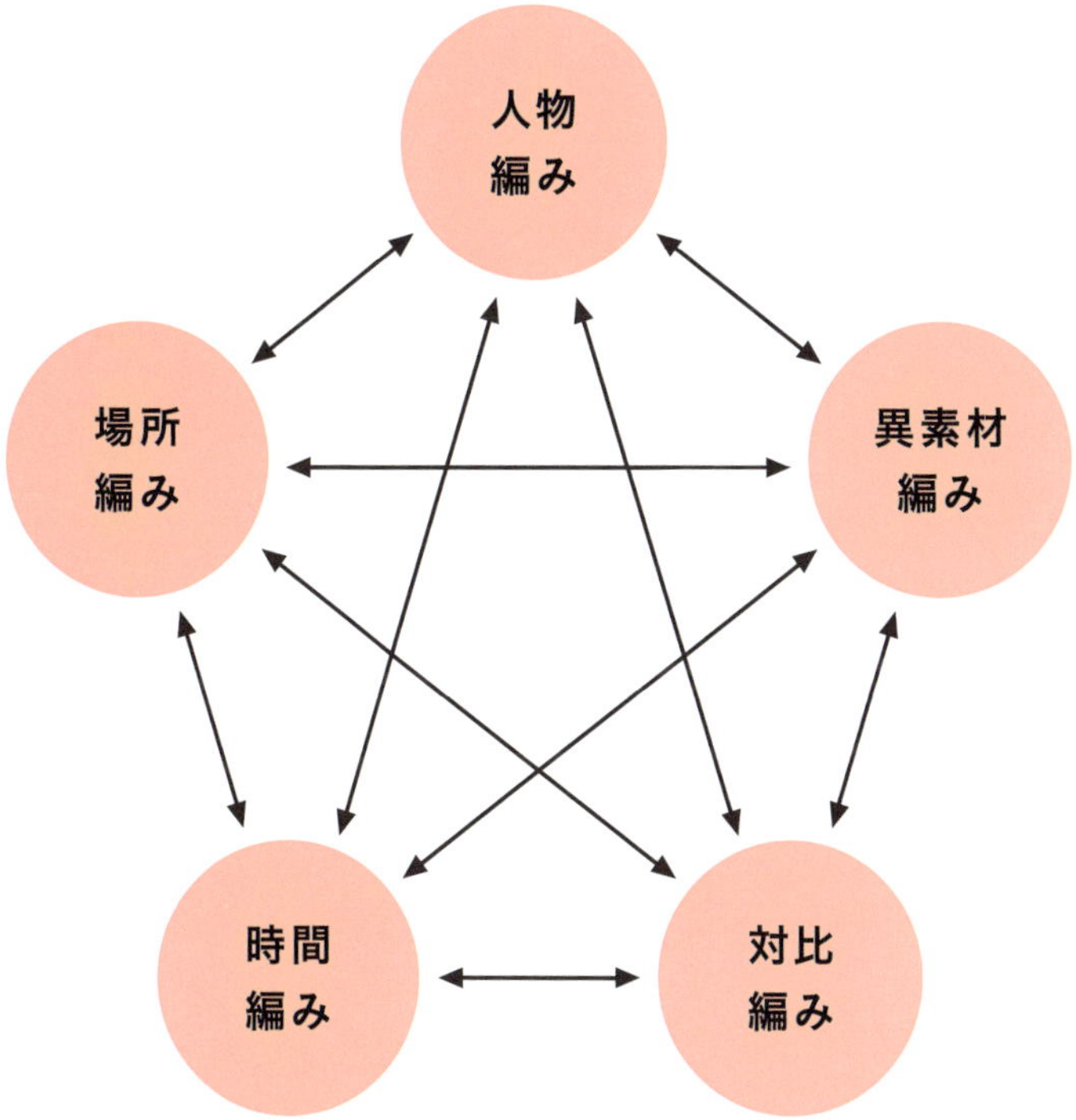

それぞれの編み方を組み合わせて、新しい編み方をつくることも可能です。
人物編みと対比編み、場所編みと時間編みなど、さまざまな組み合わせを試してみてください。思いもよらなかったアイデアが生まれることもありそう。

編集思考の基本は「楽しく」

編集思考は、「エピソードを出し合う」「出し合ったエピソードからニーズを探る」という過程を重視しているので、堅苦しさを覚えてしまう人もいるかもしれません。しかし実際にこのプロセスを体験してみると、案外楽しく簡単であることが分かってもらえると思います。

デザインシンキングなどのほかのビジネスメソッドと、編集思考の一番の違いは、編集思考が「リラックス」をなにより重視していることです。

何度も言うように、編集会議というのは本当に自由で、リラックスした雰囲気なんです。みんな好きに飲んだり食べたりしているし、話も四方八方に飛ぶ。けれども、そんな雰囲気だからこそなんでも話すことができるし、いろいろなアイデアを生み出すことができるのです。

編集思考は編集会議を下敷きにしてつくっているので、その自由でリラックスした雰囲気をリスペクトしているんですね。「お茶やお菓子を楽しみながら、自分の趣味や体験談を、友人に話すように語る」というところがミソなのです。

私は、さまざまな企業のサービス開発やファシリテーションを担当していますが、どんな会社も会議の際は生真面目な雰囲気になるものです。時間も限られているので、「早く答えを出してくれ」という空気感もありますし、無駄話はできません。

そんな雰囲気のなかで、自由にアイデアを広げたり、提案したりするのは誰だって難しいでしょう。「自分の意見が否定されるかも」「時間を無駄にしてしまうかも」と想像するだけで、会議に参加するのも億劫《おっくう》になってしまいますよね。

その点、編集思考は、みなが自分のプライベートな視点でモノゴトを語るので、会話も盛り上がるし、共感も得られやすいのです。カフェで盛り上がっているときに、相手の話を頭ごなしに否定したり、「手短に話してくれ」と言ったりする人はなかなかいませんよね。共感してもらったり、「それでそれで」と会話を促してもらったりすることで、色々なことがどんどん話せて、自分でも思いもよらないアイデアが飛び出したりしてくるのです。

繰り返しになりますが、編集思考のポイントは「リラックスして、自分の視点で語ること」。左の図のように、アイデアをとにかくたくさん発散させることが大切なので、どんなアイデアもまずは楽しく受け入れることが大切です。家族や友人とティータイム・トークを楽しむような感覚で、楽しく活用してください。

編集思考は、発散型思考です

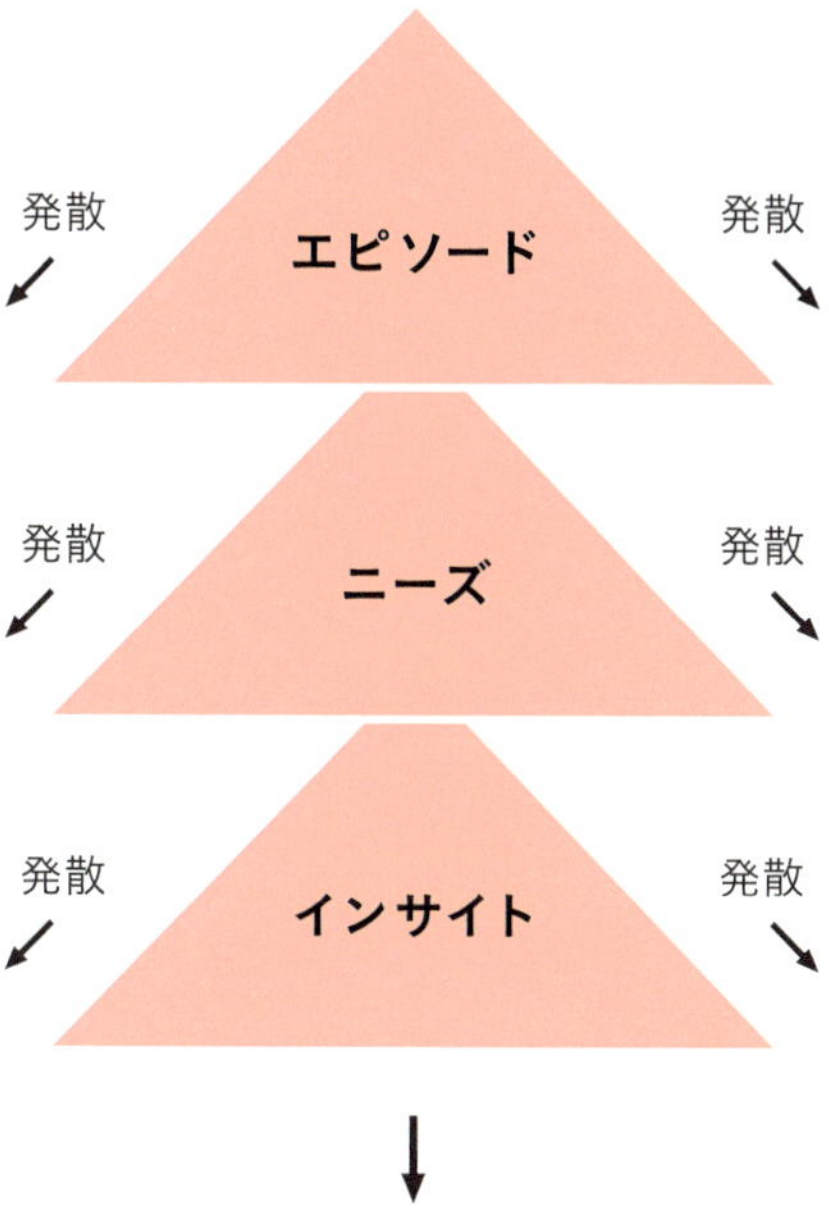

特集タイトル ＝ 新しい価値

編集思考は、「エピソードを語り合い、ニーズを抽出し、インサイトを発見する」という「発散」の工程で構成されています。最終的に「アイデアをチョイスする」という「収束」の過程こそありますが、インサイトまで割り出せれば、あとは勢いでプロジェクトを一気に進めることができるでしょう。

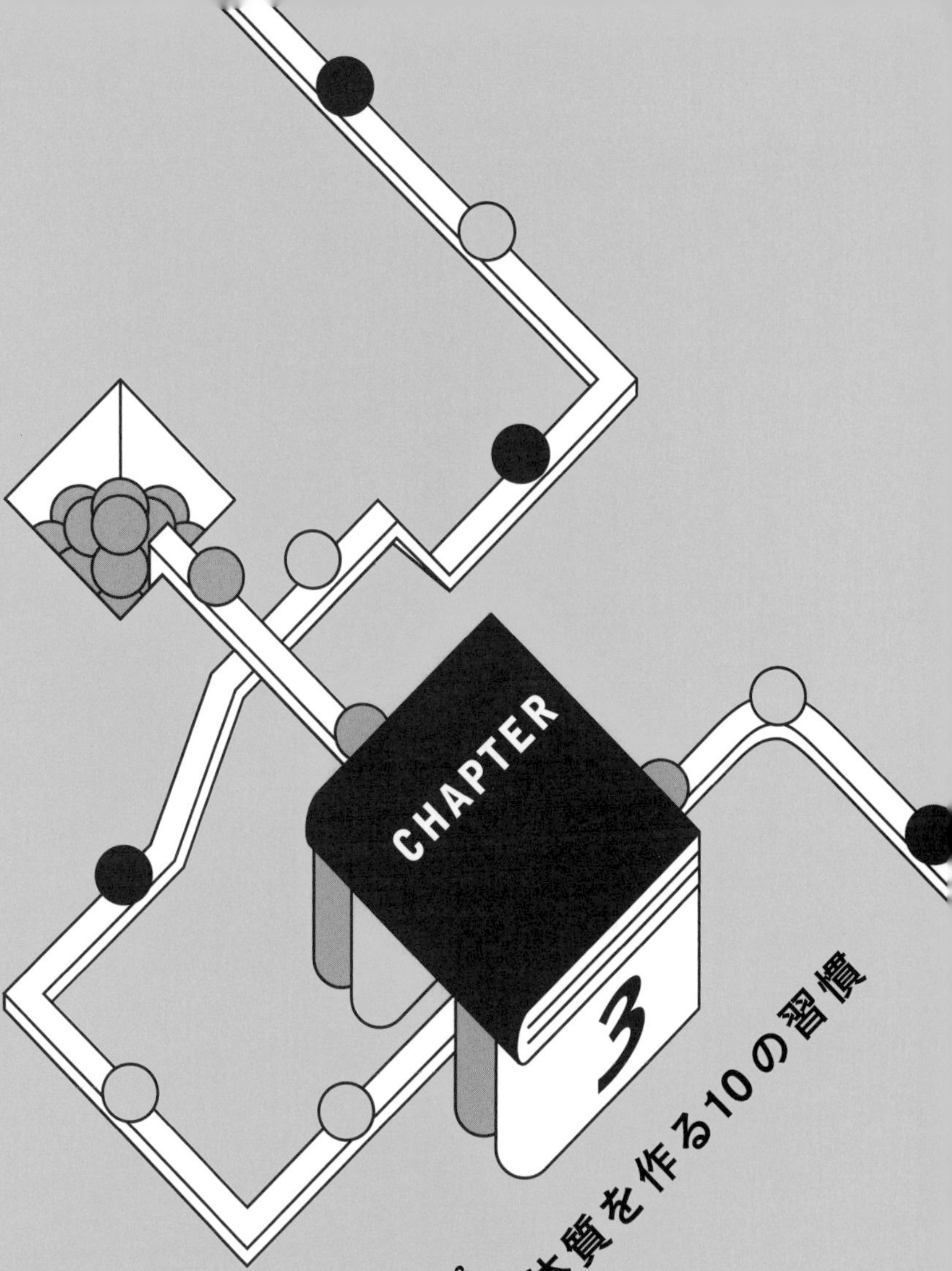

CHAPTER 3

アイデア体質を作る10の習慣

アイデア体質は鍛えて作る

編集思考は「知識さえあれば誰にでもすぐできる」というわけではありません。野球やゴルフなどのスポーツと同じで、野球好きでルールにも詳しく、さらにプレーするための道具も用意したからといって、いきなりボールが打てるわけではないのと同じです。満足にプレーするためには、日々の地道なトレーニングや、基礎体力作りが大切になります。

そこで、この章では日々アイデアを生む仕事をし続けている私たちデザイナーが普段行っているトレーニングについてお話ししようと考えています。そのトレーニングとは、実は大抵のデザイナーはアイデアを生むために特別トレーニングとは意識せず、自然にやっていることだったりするのですが、ここではそれを体系的にまとめ直してみました。

常に新しい「気づき」を探す

一般的にいわれているのが、「インプットとアウトプットの重要性」でしょう。たとえば小説や映画、絵画などを楽しんで、その内容を誰かに話したり、書き留めてみたりするのもよいでしょう。

まずは、知らないものを見たり聞いたりして、自分の中にいつもとは違う刺激を取り入れてみることを心がけましょう。一番いいのは、海外など行ったことのない場所に行ってみることです。知らない文化や生活に触れることは、新しい視点や気づきを得る可能性が広がるからです。ただ、日常的に海外旅行ができる人は少ないですよね。

私がこれからお話しするトレーニングはどれも、日々の生活で簡単に実行できるものです。この章では、日常生活のさまざまな場面でトレーニングができること、そして、それを楽しんでもらうための心構えをお伝えしたいと考えています。

1. アイデアを考える環境と状態を意識する

私は平日の朝、よくジョギングをします。会社のことや社員のこと、仕事のこと。頭の中はさまざまなことでいっぱいですが、考えが煮詰まったときは、頭ではなく体を動かしてやるのが有効です。適度に運動することで脳がデトックスされ、モノゴトの優先順位を整理してくれるからです。米アップルの創業者のスティーブ・ジョブズも、アイデアを考えるときは散歩をしたといいます。

ジョギング中は、新しいアイデアや、手がかりのようなものを思い付くことも多いです。「あれはあの人に聞けばいい」とか「あの本を読めばイメージが膨らむかも」など、役立つ考えもどんどん浮かび上がってきます。

さすがに、激しい運動だと思考も制限されますが、適度な散歩やジョギングくらいなら思考活動も可能です。

また、アイデアを考えるためには周囲の環境も大切だと思っています。机の前で

長時間うなっていると、だんだん気持ちもくさくさしてきて、投げやりになってしまうからです。それでは、見つかるアイデアも見つかってくれません。

ジョギングをしていると、木々の間に空が現れたり、遠くに山々がかすんで見えたりしながら、目の前の景色がどんどん変わっていきます。小鳥のさえずりや、頬を流れていく風、誰かがパンを焼く香りなどを感じながら、五感すべてで朝の街を楽しめる。それが心地よいのですが、その心地よさを感じることは、自身がリラックスしていることの証拠でもあります。程よく体を使いリラックスした状態は、アイデアを生み出すのに最適なのです。

「適度に頭以外を使う」「脳をデトックスする」「リラックス状態をつくる」という3つの条件さえそろえば、どんなことでも同様の効果が得られるでしょう。散歩や水泳、ヨガやサイクリングなど、自分がリラックスできる運動を探してみましょう。

POINT

- 適度に思考できる運動を探す
- 脳をデトックスする
- リラックス状態をつくる
- 上記3つの状態をつくりだすことが、柔軟な発想に結びつく

2. 判断力を養う方法

コーヒーに砂糖とミルクは入れるか？　という日々の何気ない行動を含め、人間は1日に1000回ほどの判断をしているといわれています。そのため、デザイナーはみな、自分なりの判断基準を持っている必要があります。

そもそも、判断力とはどういったものなのでしょうか？　あなたは、自分の判断が絶対に間違っていないと言い切れますか？　答えは当然ノーですよね。

そもそもものごとの判断基準は、人によってまったく違います。試しに10人くらいの身近な人に「最後の晩餐になにを食べたいか」と、質問してみてください。3ツ星レストランの食事がいいと答える人、いつも通りの家庭料理、白米と味噌汁などの質素な食事……など、人によってさまざまな答えが返ってくると思います。同様に、「どういった花がきれいだと思うか」「どういった映画に感動するか」などの質問にも、10通りの答えが返ってくるでしょう。

あたりまえのことですが、考え方は人によってさまざまです。質のいいものや豪華なものに限らず、質素なものや、一見ガラクタにしか見えないものを好んで選ぶ人もいるでしょう。そして、どの答えももちろん間違いではないのです。

だからこそ、きちんとした自分の物差しを持つことが大事です。周囲にある無数の意見があることを理解しつつ、それでもそうした意見に左右されず、自分なりの答えを導くことは、多くの人に受け入れられつつオリジナルなアイデアを生むためには欠かせないことなのです。

では、判断力を鍛えるためには、どんなことが重要なのでしょうか？

私が日ごろ意識しているのは、「なんでもこだわって選ぶこと」です。たとえば、ランチのメニューを決める際も、「時間がないからすぐそこのファストフードで食事をしよう」ということは、まずありません。「夜は会食だから、軽めのものを食べよう」「最近は体が重いから、サラダを中心にした食事にしよう」など、自分のスケジュールや体調と照らし合わせながら、最適な答えを探していきます。大切なのは、そこに「選んだ理由」があることです。

「忙しいから」「面倒だから」といって、適当なものばかり選んでいれば、判断力も育ちません。

どんな小さなことでもいいので、日ごろから「判断する」という経験を積み重ねることが、判断力を強化する近道になります。

POINT

- 判断した理由を明確にする
- 日常生活で自分なりのこだわり(基準)を持つ
- 1日の始まりに、ランチのメニューを決めてみる
- 石鹸や歯ブラシなどの日用品にもこだわってみる
- 美術館に行って自分の好きな絵を3つ選んでみる

3. 理解力を深める

デザイナーはモノゴトを判断したあと、「なぜそう判断したのか」を相手に伝える必要があります。どんなにいい判断をしても、その理由が「みんながそういっている」「なんとなくいいと思ったから」では、相手を本当に納得させることはできないでしょう。

相手を本当に納得させるためには「自分のことば」で「自分の考え」をしっかり伝える必要があります。

けれどもひと言で自分のことば、自分の考えといったところで、それを相手に伝えるのはなかなかに難しいんです。たとえば、あなたは自分の好きな食べ物が「どうおいしい」のか、相手に説明できますか？　ぜひ、グルメ番組のリポーターになったつもりで、今日のランチを食レポしてみてください。案外難しいということがわかると思います。

実は、この「おいしい」「美しい」「かっこいい」「心地よい」「気持ち悪い」などの抽象的な感覚は、相手に説明しづらいんです。

ここでは、そんな感覚を言語化するためのトレーニングをお伝えします。

「自分のことば」で「自分の考え」を伝えるためにはどうすればいいのか。自分のことばでモノゴトを語るには、まずは自分がそのモノゴトをしっかりと理解している必要があります。つまり、「理解力」が大切なのです。

理解力を深める上で重要なのが、イメージを可視化することです。自身のイメージを、ことばではなく、写真や絵などになぞらえて考えることで、いままでとは違ったアプローチができるからです。

そこで私がオススメするのが、イメージを可視化するための「資料集め」です。「おいしい」「楽しい」「美しい」という感情を自分ならどう表現するか。また、たとえば自分たちが手がける事業の客層やサービスの質、サービスを提供する空間のイメージ、ブランド全体の世界観をつくるときはどうすればいい

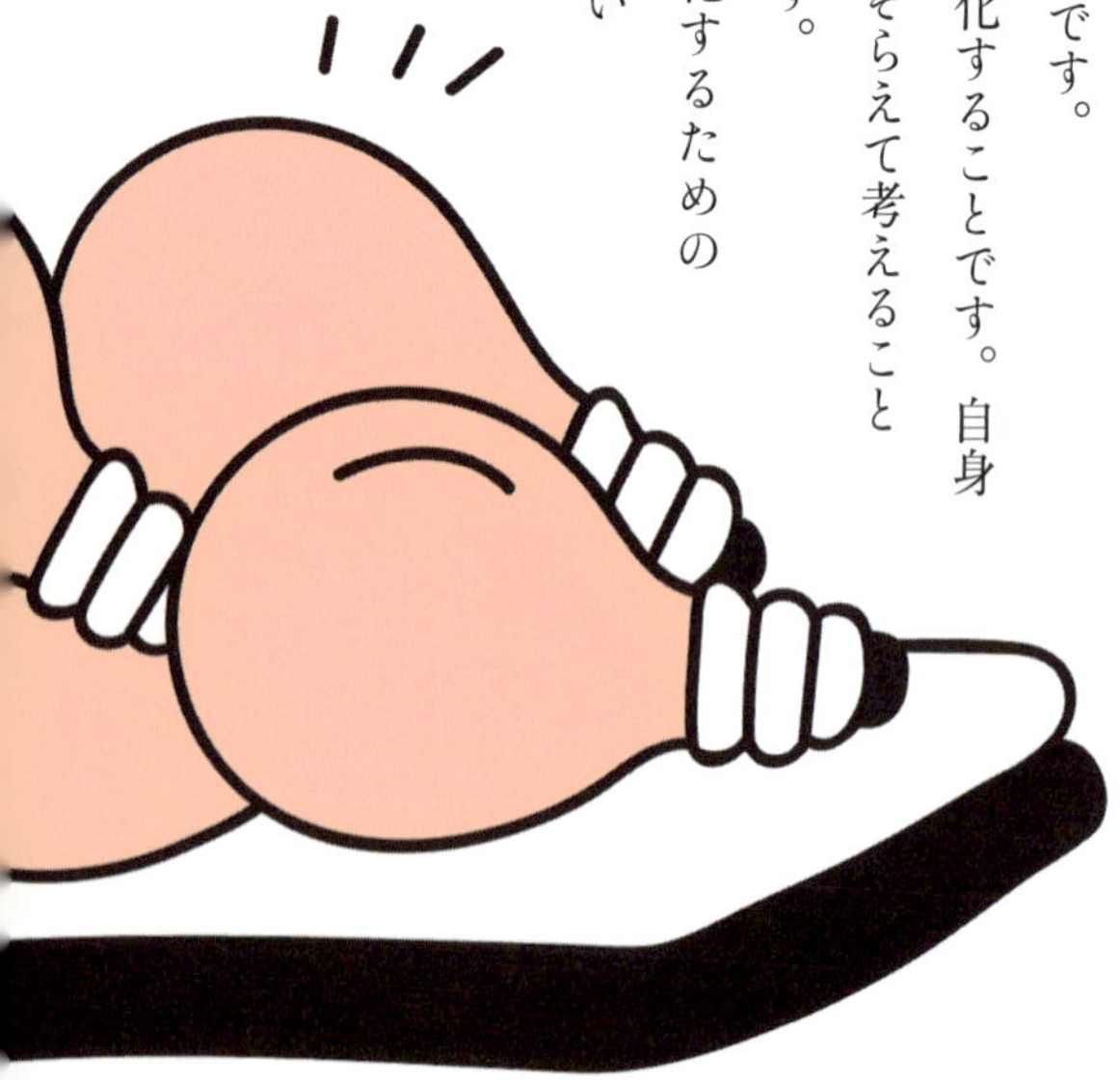

でしょう？　もちろん自分で写真を撮ったり絵を描いたりしてもいいのですが、「なにを取っ掛かりにしていいかがわからない」場合も多いでしょう。

資料集めでは、最初に、本棚にある雑誌や写真集、イラストや絵画集などを集め、パラパラとめくっていきます。こうした本を持っていない場合は、大型書店まで足を運んで、自分のイメージに近い画像が掲載された本を何冊か購入してみましょう。

それらの本を眺めていると、なんとなく引っ掛かる画像が、ひとつふたつと見つかるはずです。その画像に対して、片っ端からポストイットを貼っていきましょう。

それなりに画像を集めたあとは、すべてならべて、じっくり観察してみましょう。集める画像は多い方がいいですが、あまり気張っても大変なので、最初は1イメージにつき10画像を目安に探してみましょう。

同時に、誰かを呼んで、これらの画像のイメージを聞いてみましょう。アイデアやイメージをつくっていく上で、「他者にどう見えるのか」「他者がどう感じるのか」

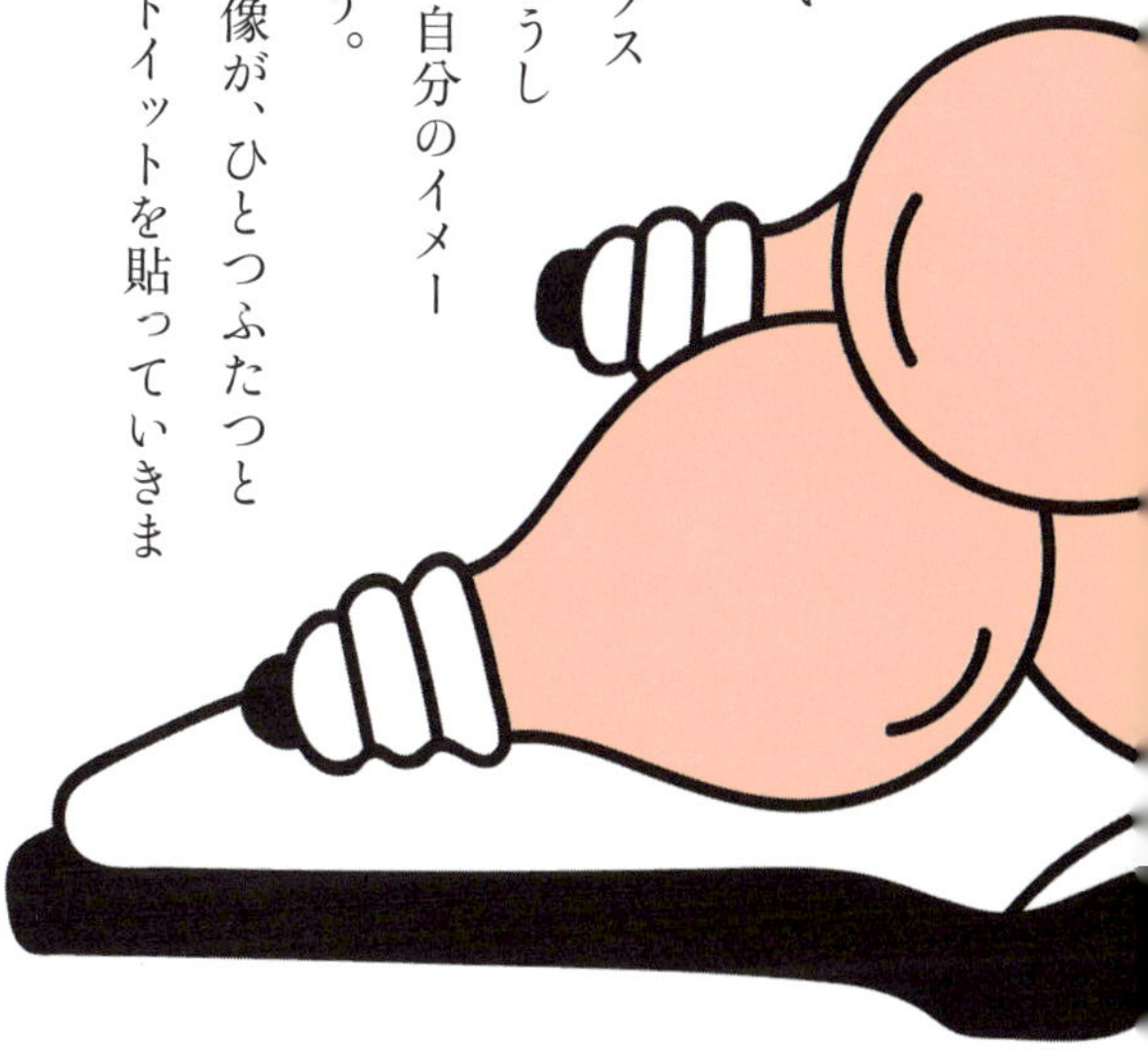

という客観性はとても大切です。相手の答えを注意深く聞きながら、相手と自分のイメージの共通点や相違点を認識していきましょう。

こんなことを繰り返すうちに、画像に描かれた人物や風景、使われている色合いのなかに、ある程度の類似性があることがわかってくると思います。そして、その類似性をながめていると、「自分の感じた『おいしそう』は、『濃厚そう』という意味だったのか」「自分の思う『美しい』は、『色がビビッドできれい』という意味だったのか」など、自分の感覚をことばで説明できるようになる瞬間があります。

ことばにしづらい感覚を可視化することは、ことばを探す手がかりにもなるのです。

「資料集め」は、アイデアを考える上でも非常に有効です。

アイデアをつくる最初の段階では、頭の中は深い霧に包まれています。「こういうことがしたい！」という思いはあっても、その対象はおぼろげで、輪郭さえも掴《つか》めません。

資料を集め、眺めてみることで、新たな発見や気づきが得られ、あなたが作りたいものの取っ掛かりや、アイデアのもとになるでしょう。

このように、自分のことばを伝えるにもアイデアを出すにも、まずは優れた理解力が必要です。イメージを可視化してモノゴトを咀嚼し、「なぜそう判断したか」「なぜそう思うのか」を自分のことばでしっかりと説明できるようになりましょう。

POINT

- 今日のランチを食レポしてみる
- 自分が面白いと思ったアイデアを周囲はどう感じるかを聞いてみる
- 思ったこと、感じたことのイメージを探して可視化する
- 可視化したものから多くのことを発見する

4. 日常の小さな実験

新しい価値を作るのは、簡単なことではありません。新しいことを始めるには、なにが必要だと思いますか？　データもなければ、競合や事例もなく、成功するのかもわからない。どんなことでも、最初の一歩を踏み出す際にはちょっとした勇気が必要です。

では新しい価値というのは、どのように生み出されているのでしょうか。

マーケティングの世界には、「プロダクトアウト／マーケットイン」という概念があります。「プロダクトアウト」は、会社や開発者が自分がほしい商品やよいと思ったものをつくること。商品の需要や売り方はつくったあとに考えます。反対に「マーケットイン」では、あらかじめユーザーを調査し、彼らがほしい商品をつくります。市場に対して需要があるものをつくるので、より顧客によりそった商品開発ができるといわれています。

プロダクトアウトの最近の代表例はiPhoneでしょう。

ほかに類を見ないデザイン性や、細部まで反映されたスティーブ・ジョブズのこだわりは、世界中の人を驚愕させました。一体どのようなことをすれば、iPhoneのような素晴らしい商品を生み出すことできるのでしょうか。残念ながら、メソッド化は不可能だと思います。プロダクトアウトの商品には「個人の思いの強さ」が強く関係しているので、誰でも簡単に真似《まね》できるわけではないからです。

でも、マーケットインならばどうでしょう。マーケットインの場合は、スタート地点に「市場の需要」というタネがあります。このタネを発見し、理解することができれば、どんな人でもヒット商品を生み出すことができるのではないでしょうか。

そして、市場の需要という小さなタネは、日常生活のあらゆる場面にひそんでいます。

私は、そのタネを見つけるために、日々意識していることがあります。それは、日常の中にちょっとしたイノベーショ

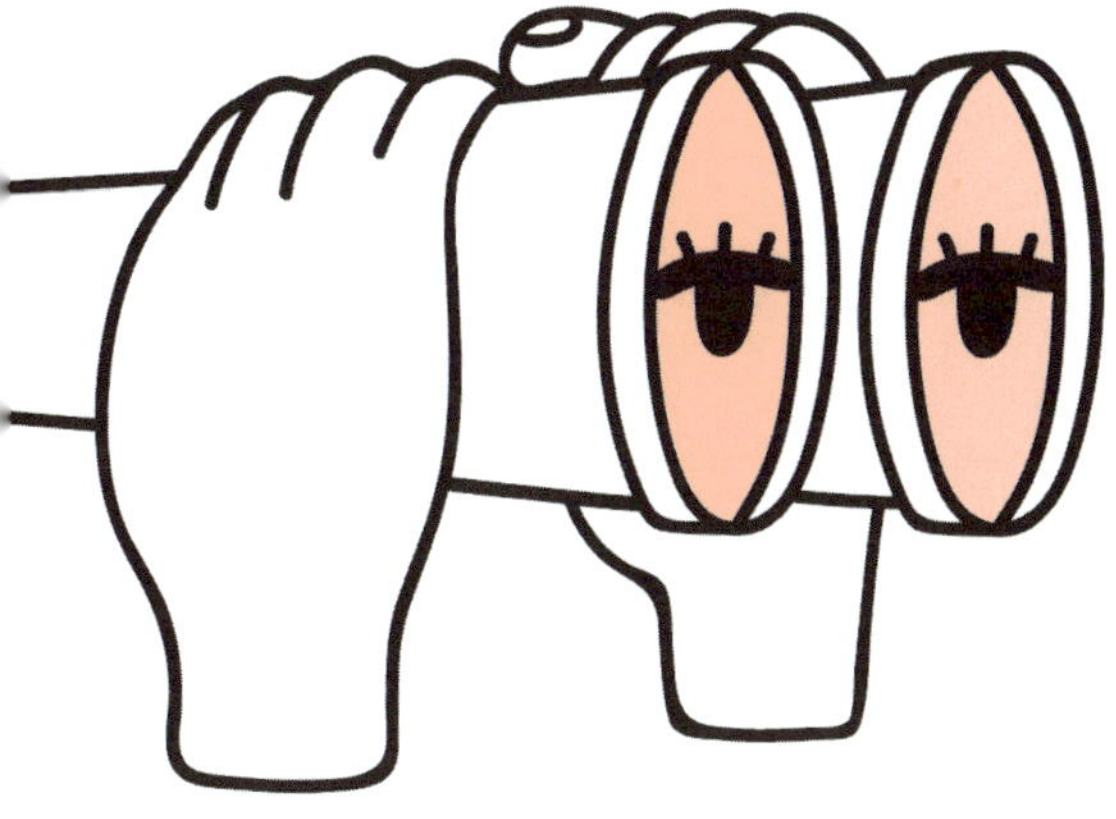

ンを取り入れることです。

まずは、自分の行動を少しだけ変えてみてください。行きつけのラーメン屋さんで、食べたことのない塩ラーメンを注文してみる、帰宅ルートに、いつもとは違う道を選んでみる、映画館で、普段は選ばない最前列に座ってみる……、些細《ささい》なことでかまいません。

すると、「塩ラーメンは、出汁や麺の味が重要なんだ」とか「入り組んだ道の先にあったカフェが、隠れ家風で素敵だった」とか、「映画館の前列シートも、リクライニングなら人気が出るかも」といった、新しい発見や気づきがあると思います。その発見や気づきこそが、需要のタネを発見するトリガーになったりするのです。

自身の日常を変えるという体験は、新しい商品やサービスを訴求する際にも役立ちます。

いつもとは違う行動をしようとしたとき、こんなことを思う自分はいませんでしたか？「この店にきたら、醤油ラーメンを頼みたい」「遠回りして、雨に降られたら億劫だ」「映画館の最前列は、首や肩が凝りそうだ」。もっともらしい言い訳を付けて、いつもと同じことをしようとする自分がいたはずです。

人は、自分の嗜好や生活動線を変更するのが難しい生き物です。こうしたハードルをどう越えていくか、越えさせるかを考えることが、新しい商品やサービスの訴求方法を考えるトレーニングにもなるでしょう。

ブランド開発やサービス開発のときだけイノベーションを考えるよりも、常にいろいろな体験をしながら、それを仕事に生かしていくほうがずっと簡単です。些細なことで構わないので、自分の日常にイノベーションを起こしてみましょう。

POINT

- 市場の需要という「タネ」を発見するため、日常に変化を加えてみる
- 普段は選ばないものを、あえて選んでみる
- そこで得た気づきが、どんな仕事に活かせるかを考えてみる
- 新しいものを選ぶとき、どうすれば心理的ハードルが下がるかを考えてみる

いつもとは違う行動

行きつけのラーメン屋さんで、
普段は食べない塩ラーメンを注文してみる

↓

映画館で、
いつもより前の席を選ぶ

↓

帰宅ルートを変更して、
初めての道順で帰ってみる

↓

買ったばかりの小説を、
最後のページから読んでみる

↓

発見や気づき

塩ラーメンは出汁や麺の味が
重要なんだと気づく

リクライニングシートなら、
首や肩が凝らないかも

入り組んだ道の先にあったカフェが、
古民家風で素敵だった

あらかじめオチがわかっていれば、
伏線や作者の意図がわかって面白い。
逆に、まったく楽しめなかった

5. 行間を読む

ビジネスアイデアを発見するためには、想像力が欠かせません。

では、想像力はどうすれば鍛えられるのでしょうか。あたりまえにいってしまうと、「想像する」という経験を積み上げていく以外に近道はありません。

よく「行間を読め」という人がいますが、それは、「物語に書かれていない空気だったり、匂いだったりを想像しろ」ということです。小説では物語のすべてを描いているわけではないし、美術などの展覧会でもすべての情報を展示するわけではありません。

けれども、小説の中に描かれていないことでも、いくつかの情報や描写から、その内容を想像することはできます。物語の舞台が海外や架空の街だったとしても、その街の景色や、人々の暮らしを想像して、思い浮かべることができます。これだって、立派なトレーニングです。

これは、美術鑑賞でも同じです。美術館では、まずはじっくりとひとつの絵画に向き合いましょう。その中に描かれた景色や人物、表情や行動を注意深く観察していると、人々の会話や笑い声まで聞こえてくるような気がします。

展覧会では、絵画のタイトルやアーティスト名、描かれた年代なども一緒に掲示されていますから、その絵が描かれた背景を想像してみるのもよいでしょう。

「行間を読む」というのは、まさしくこういうことなのです。

行間を読む訓練では、人間観察も有効です。自分自身の朝起きてから家を出るまでの行動をルーティン化してみるのもいいでしょう。なぜなら、自分や他人の行動を想像することは、商品やサービス開発にも活かせるからです。

優秀なUIは、説明書を読まずとも簡単に利用できるといわれています。それは、開発の段階で、「ユーザーはどのような場面でこの商品を使用するか」といったことが、あらかじめ想定されているからです。ユーザー試験と観察も重要ですが、その前に使用する際の手順や、それにかかる時間なども予想しておくことで、さ

らにユーザーフレンドリーなＵＩを作ることができるでしょう。「人の行動」を知ることは、人にとって心地のよいものを理解することにもつながります。

このように、人の行動や小説、絵画などを注意深く観察し、なるべく多くの情報を集め、想像する癖をつけましょう。そうすることで想像力が強化され、隠されている別の情報を探したり、想像したりできるようになります。

手に入れた情報を整理したいときは、その情報をカードに書いて机の上にならべてみるといいでしょう。アプローチ方法を変えることで、これまでとは違う角度から情報を眺めることができます。

ここまで読んで、「おや」と思った方もいるかもしれませんが、実はみなさんも、日常的に想像力のトレーニングをしているのです。

友人や同僚とのたわいもない会話を思いだしてみてください。たとえば、友人の「昨日は小説を読んだ」という何気ないひと言。あなたはそれを聞いて、「彼は流行に敏感だから、ベストセラーのあの本だろ

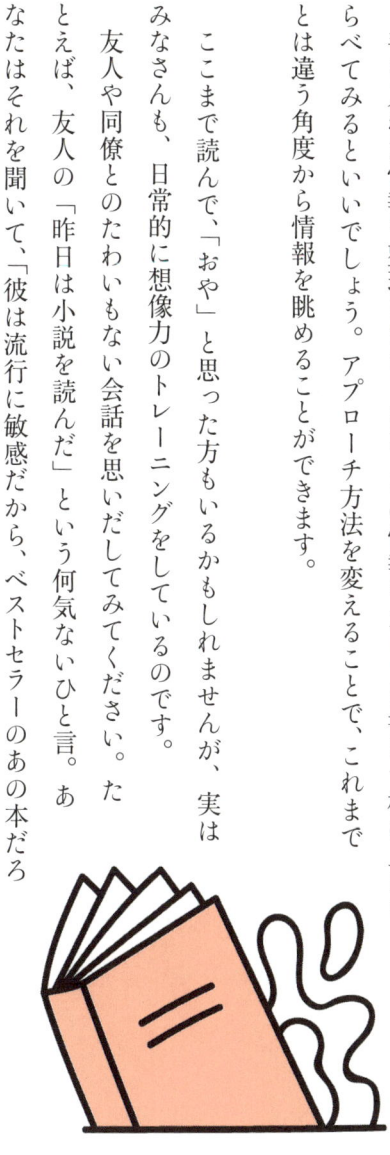

う」「眠そうだから、夜更かしして読んだのだろう」「夜更かしするくらいだから、きっと面白いのだろう」と、さまざまなことを想像するはずです。そして、それらの情報を念頭に置きながら、次に来る会話を探しているのです。

会話の空気を読むことは、物語の行間を読むことに似ています。日頃の会話でも、いままで以上に意識しながら想像力を働かせてみましょう。

POINT

- 対象を観察して、質のいい情報を集めよう
- 集めた情報を手がかりに、色々なことを想像しよう
- 集めた情報を、カードにしてならべてみよう
- 集めた情報から、絵や小説に隠されたものを探してみよう
- 何気ない日常会話でも、「行間を読む」意識をしよう

6. 集めて編む

「集めて編む」はまさに、この本のテーマである編集思考のこと。

私は、ある学校のワークショップで講師を務めた際、「自分の好きなモノやコトを30個以上出して、雑誌の企画を作ってください」というお題を出しました。

私ならば、ニューヨーク、ブルゴーニュワイン、イームズの椅子、サーフィン、ヘインズのTシャツ、アート、村上春樹、古いもの、シンプルなもの……などを選ぶでしょう。

このなかで特集を組むのなら、ニューヨークとサーフィン、そしてアートでしょうか。ニューヨークは最先端のアートの都市ですし、足を伸ばせばモントークなどのサーフィンができるポイントもあります。ニューヨークのアートとサーフィンを個別に紹介したり、サーフボードに絵を描いたり、アーティスト兼サーファーの人を見つけて、そのライフスタイルを取材するのもいいでしょう。

自分の好きなことをもとにした内容ですので、当然、自分自身が興味のある内容

になっています。読者は、ニューヨークの新しい楽しみ方を発見できるでしょう。

またニューヨーク×アート×サーフィンという3つのキーワードを掛け合わせたことで、「旅」という共通コンテンツも発見できました。

このように、1つのモノやコトにも多くのコンテンツが存在しています。そのコンテンツをどのようにアウトプットするかで、その印象も変わってきます。

たとえば、スターバックス。私は、スターバックスは、コーヒーショップではなく「サードプレイス」というコンテンツを前面に押し出したことで成功したと考えています。日本のコーヒー業界で、スターバックスは後発の部類でした。

当時の日本では個人が運営する喫茶店が多く、チェーン店ではドトールコーヒーなどが有名でした。スターバックスを含め、街の喫茶店もドトールも「休憩する場」なので、コンテンツ自体は大差ないように思えます。では、スターバックスとほかのコーヒーショップは、一体なにが違うのでしょうか。

まず、スターバックスにはサービスマニュアルがないそうです。そうすることでスタッフの個性を引き出し、スタッフとお客の間に心地いい距離感を生み出すことに成功しまし

た。そこに対して、おしゃれな音楽や、心地いいソファを提供することで、まるで友人の家のようにくつろげる空間を作っています。店内にはWi-Fiや充電口も用意しているので、仕事や勉強もはかどるでしょう。

スターバックスは、コーヒーショップ×フレンドリーな接客×作業ができるという3つの価値を掛け合わせることで、「家でも職場でもない、居心地のいい第三の居場所」という新しい価値を作りました。

このように、いくつかのキーワードを掛け合わせることで、新しいアイデアや価値を発見することができます。そこで生まれた新しい価値に合わせて、サービスやインテリア、設備なども考えていくといいでしょう。

POINT

- 既成概念にとらわれず、さまざまなものを掛け合わせてみよう
- 掛け合わせたもので、雑誌の企画をつくってみよう
- 1つのモノやコトから、多くのコンテンツを探そう

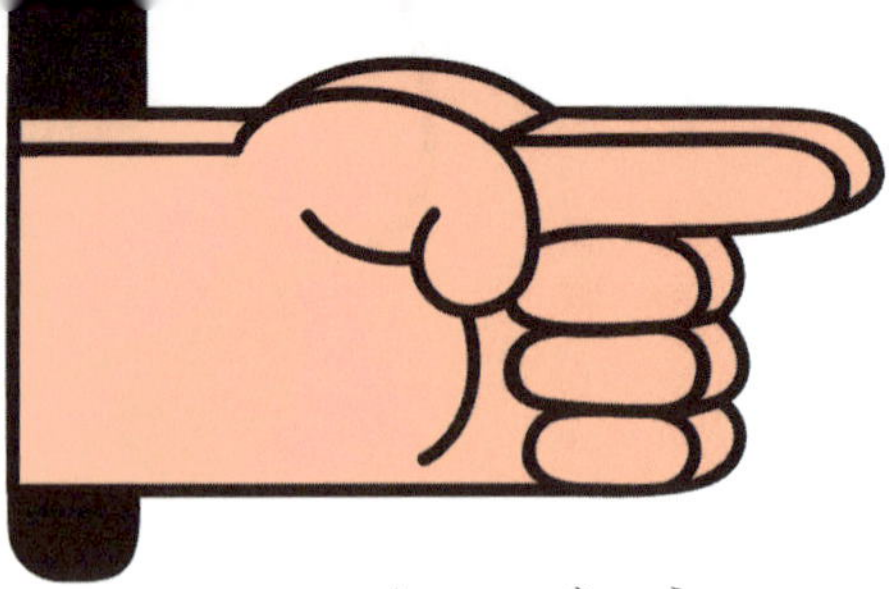

7. 360度視点

アイデアを考える上で一番大切なのは、想像力です。想像力を鍛える方法は「5 行間を読む」でお話ししましたが、ここでは想像力を発揮する方法についてお伝えしようと思います。

想像力を発揮するためには、まずは思考を解放しなくてはいけません。つまり、リミッターを外すことが重要なのです。

唯一無二の価値をつくることになったとき、「最高のアイデアで、絶対に成功しよう」と考える人は多いと思います。けれども、これは悪い例です。体に力が入りすぎていて、本来の力が発揮できなくなっているからです。これはスポーツも同じです。野球やゴルフでも「打ってやろう」「飛ばしてやろう」と考えていると、体に余計な力が入って、きれいな打球にはなりませんよね。

では、自分の体から力を抜いて、リミッターを外すためにはどうすればよいのでしょうか。

私がよくやる方法は、プランAとプランBの2つを考えることです。

どういうことかというと、プランAでは「春といえば桜」「夏といえば青い海」というように、王道の発想をするのです。どんな人でも一度は考えるであろう、失敗の少ないプランです。

一方、プランBでは、Aとは対極にあるものをあえて選択してみたり、決められたお題や予算などはいったん無視して、自分が本当に「必要だ」と思うものをわがままに考えてみたりします。

いうなれば、プランAは、本番用のデザイン用紙に丁寧に描いたスケッチで、プランBは、ノートやメモ帳に無造作に描いたスケッチです。プランBでは失敗しても構わないので、どんな案も自由に、何案でも描くことができます。

プランBは、プロジェクトのスタート時や、アイデアに行き詰まったときのセルフブレストにも有効です。プランAとプランBが融合して新しいアイデアになることもありますし、プランBがプランAよりもいいアイデアになることもあります。

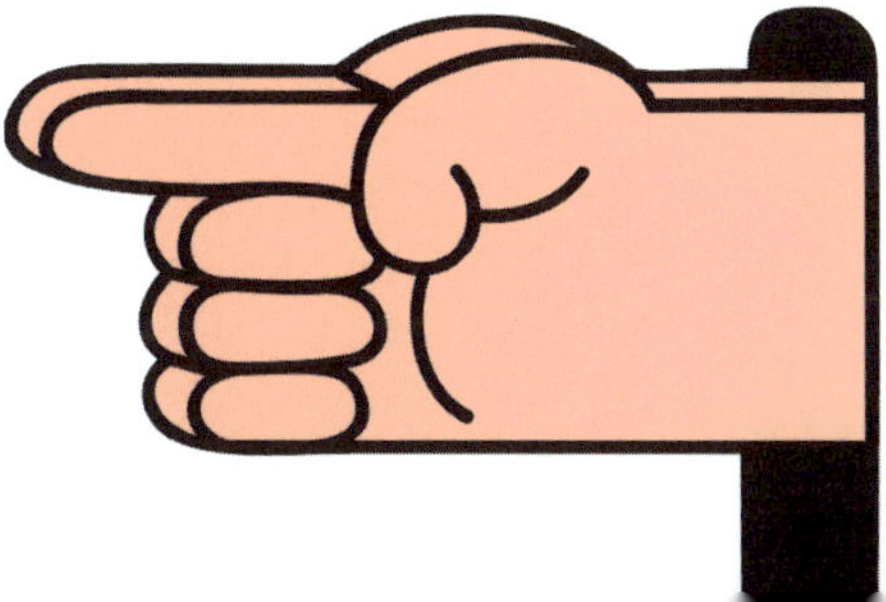

プランBをつくりながら体の力を抜いて、思考のリミッターを外しましょう。アイデアは自分の前方だけではなく、360度にあります。想像力を解放して視野を広げ、新しいアイデアを生み出しましょう。

POINT

- 思考のリミッターを外す
- 王道のプランAとは真逆のプランBを考える
- プランAとプランBを融合してみる

8. 作為と無作為

我々の仕事の一つは、消費者に商品やサービスをどう訴求するかを考えることです。つまり販売員の代わりに「買ってください」と消費者に訴えかけることです。けれども、あまり大げさにアピールしても、消費者からは冷めた目で見られてしまいがちです。おいしい飲食店や流行の洋服屋でも、しつこい販売員がいるだけで足が遠のいてしまいますよね。人は、「相手をこうしてやろう」という作為に対して、無意識に拒否反応を抱いてしまいがちなのです。

たとえば、腕のない芸人さんのコントで、急激に冷めてしまった経験はありませんか？　芸人さんの「笑わせてやろう」という気持ちが透けて見えれば見えるほど、客席もどんどん冷えていってしまいますよね。

その一方で、普段は真面目な同僚が転んでしまったのを見て、つい笑ってしまったことはありませんか？　笑ってはいけないと思うほど、笑いが抑えられなくなってしまう。相手がお堅い人であればあるほど、面白いと思うのです。

特に私は、若い頃にグラフィックデザインにハマって、毎日膨大なデザインを見たり、資料を集めたり、展覧会に行ったりしていました。その反動か、あるとき急に、デザインされたものや洗練されすぎているものが、見るのも嫌になったのです。

なかでも、「かっこいいデザイン」とか「洗練されている」とか、そんな意図を持ってデザインされたものが嫌でした。そんなふうに、デザインの意図が透けて見えてしまっていると、自分の気持ちが冷めていくのがわかるのです。

これは、広告でも同じです。そのため、デザイナーは、「買ってください」「食べてください」といったメッセージ性を、作為的に隠す必要があります。もちろん、どんな商品にも「売りたい」という気持ちはあると思うので、それを完璧に隠すことは不可能です。けれども、「その表現が相手に対する押し付けになっていないか」は、特に気をつける必要があります。

私が講師を務めているデザイン学校の生徒さんが、こんなことを話してくれました。「春先に地元駅で見た、桜をモチーフにした広告が素敵だった。駅構内がピンク色に染まっていて、春の訪れを感じさせた。よくよく見ると広告だとわかるのですが、いやらしさがまったくなく、毎日のモチベーションを上げてくれた」。

それを聞いて、私は「なるほど」と思いました。それこそが、「作為的に無作為を作る」というデザイナーの仕事なのです。そのデザイナーはとてもいい仕事をしているし、「広告なのに、一見広告とは思えないようなところも素敵だった」と話した彼女の視点も素晴らしいと思いました。

「どうして自分はそれがいいと思ったのか」を考えることが、作為的に無作為を作る第一歩になります。自分がなぜこのレストランに入ったのか、なぜこの広告を買ったのかを考え、商品やサービス開発にもつなげてみましょう。

POINT

・消費者としての自分の行動を記録する
・作為的に無作為を作り出す
・作為が押し付けになっていないか気をつける

9. 情報の集め方

空は青い、花はきれい。本当にそうでしょうか？

空の色は、季節や天候、時間によって違いがあります。海のように透き通った青色のときもあれば、灰がかった青色のときもあります。また、花のなかには、怖かったり、グロテスクな外見をしたりしているものもあります。

私達は、何気ない日常のなかで、このような些細な事柄を見落としがちです。頭の中でこういうものだと勝手に解釈し、思考停止しているものも多いんじゃないかと思います。

編集思考は、観察によってたくさんの情報を見つけることが大切です。見ているようで実は見ていない周囲のものを、意識的にじっくり観察してみましょう。

たとえば、雑誌は年齢層に合わせてより読みやすい本文の文字の大きさになっています。老若男女が読む新聞や機内誌などには大きめの文字が使われていますす

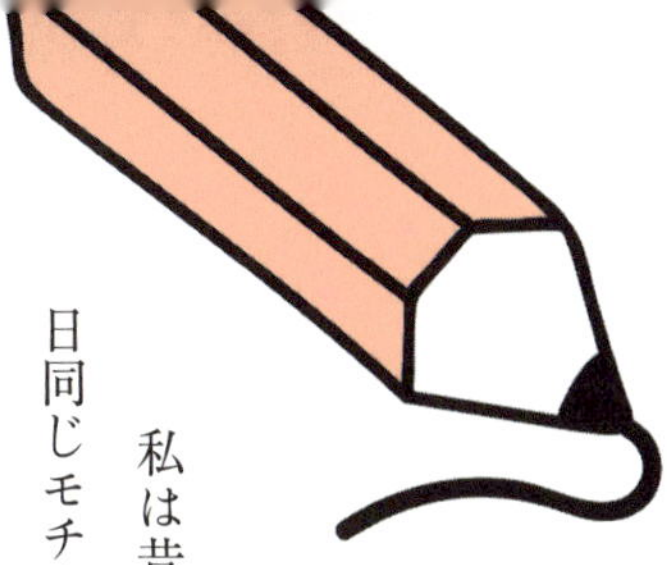

し、若者向けのファッション誌にはそれよりもずっと小さな文字が使われることが多いです。けれども、雑誌を読みながら、文字の大きさにまで注意している人はなかなかいないでしょう。私達は、それほどまでに身の回りのものを素通りしがちなのです。

私は昔、美術大学を目指してデッサンばかりしていました。すると、毎日同じモチーフを描いるようでも、モチーフの位置や高さ、その日の光の具合によって、まったく違う印象になることに気づきました。

当時、塾の先生に、「デザイナーになったとき、デッサンのスキルは役に立ちますか?」と質問したことがあります。すると先生は、「直結するというよりも、将来ずっと仕事をして行く上で間接的に役に立つ」と答えてくれました。当時は「そんなものか」と思いましたが、いまならそのことがよくわかります。

たとえば、花瓶のデッサンをしている際、小さな欠けを発見したことがあります。私は、その欠けを丁寧に観察し、デッサンの中に取り入れまし

た。そうすることで、リアリティーが増し、見る人の想像力を掻き立てるようなデッサン画が完成したのです。
こうしたリアルな情報やストーリーは、デザインを使った事業開発やコミュニケーション開発の要になるでしょう。そして、こうした個性を見逃さないためには、周囲のものを注意深く観察し、日々の解像度を上げていくことがなによりも大切なのです。

POINT

・日々の変化の違いに気づくために毎日同じものを観察してみる
↓空、自分の字
・鉛筆でメモの片隅でなるだけ単調なものを絵を描いてみる
↓ペン、りんご、手、水
・日常の身の回りのもの、特に自然のものをよーく見る
↓木、土、空
・絵が苦手な方は、観察して見えた情報を文字で書き出してみましょう

10. 活発な会議

同じような人が積極的に発言して、一部の人はじっと黙って座っている。全員が活発に参加できる会議って、なかなかないと思いませんか？　弊社では、それを解消するためにこんな会議を行っています。それは、各自に役割を与える会議です。

まずは、4人1組として、それぞれにインタビュアー、インタビュイー、書記、オブザーバーの役割を与えます。大きな会議なら4人2組や3組を作ってもいいし、4で割れなければ書記をなくして3人1組にしてもいいでしょう。この役割は、5分〜10分くらいのあまり長くないタームで変更し、最終的に一周します。

次に議題を決めましょう。ここでは、仮に、「プレゼントをあげた体験について」という議題が出たことにします。同時に、インタビュアーが制限時間を設定します。弊社の場合は、大体5分程度でしょうか。

インタビュアーは、インタビュイーに対して思いつくままに質問をしていきます。インタビュイーは、それにまつわる自身の回答を丁寧に答えていきましょう。

書記担当は、それをメモかノートに書いて記録します。

オブザーバーは、「インタビュアーはきちんと質問しているか？」「インタビュイーはきちんと質問に答えているか？」「書記はしっかりと記録しているか？」の3点を監視します。もし実行されていなければ指摘して進行をさせてください。

この1セットを、役割を変えて計4回繰り返します。みなが等しく会議に参加できますし、各々の振る舞いを自分の番で生かすことができます。自分がオブザーバーのときにインタビュイーの質問を聞いていると、「この質問は偏っている」などの客観的な発見があり、「自分のときはこうしよう」と考えやすくなるのです。

また1タームを5〜10分の短い時間にしたことも重要です。深く考えずリズミカルに発言できるので、リラックスしてやりとりすることが可能になります。ポイントは、各自に役割を与えること。そしてリレーでバトンを渡すようなリズムです。

次のフェーズでは、書記の記録からキーワードを割り出して、それをみなで共有しましょう。そのキーワードから見えるニーズを考え、全員で代わる代わるポストイットを貼っていきます。

たとえば、キーワードが「プレゼントになにを選べばいいか悩む」だった場合、A

さんは「誰かに相談する」と書いたポストイットを貼り付けます。続いてBさんは、「ゆっくり相談できる時間を」と書いたポストイットを、Cさんは「居心地のいいカフェ」と書いたポストイットを貼り付けます。もちろん、回答は人によってさまざまですが、大体の進め方はこんな感じです。

ポイントは、先ほどのグループミーティングと同様、リズミカルに進行すること。連想ゲームやしりとりなんかを意識しながら、遊び感覚で参加しましょう。

精度にこだわりすぎてしまうと、「いい意見を出さなければ」と緊張し、思考にブレーキがかかってしまうからです。この方法なら、たくさんの意見や考え方などの情報が集められるでしょう。

POINT

- 参加者全員に役割を与える
- リズムを大切にして、プレッシャーを取り除く

CHAPTER 4
ストラテジー

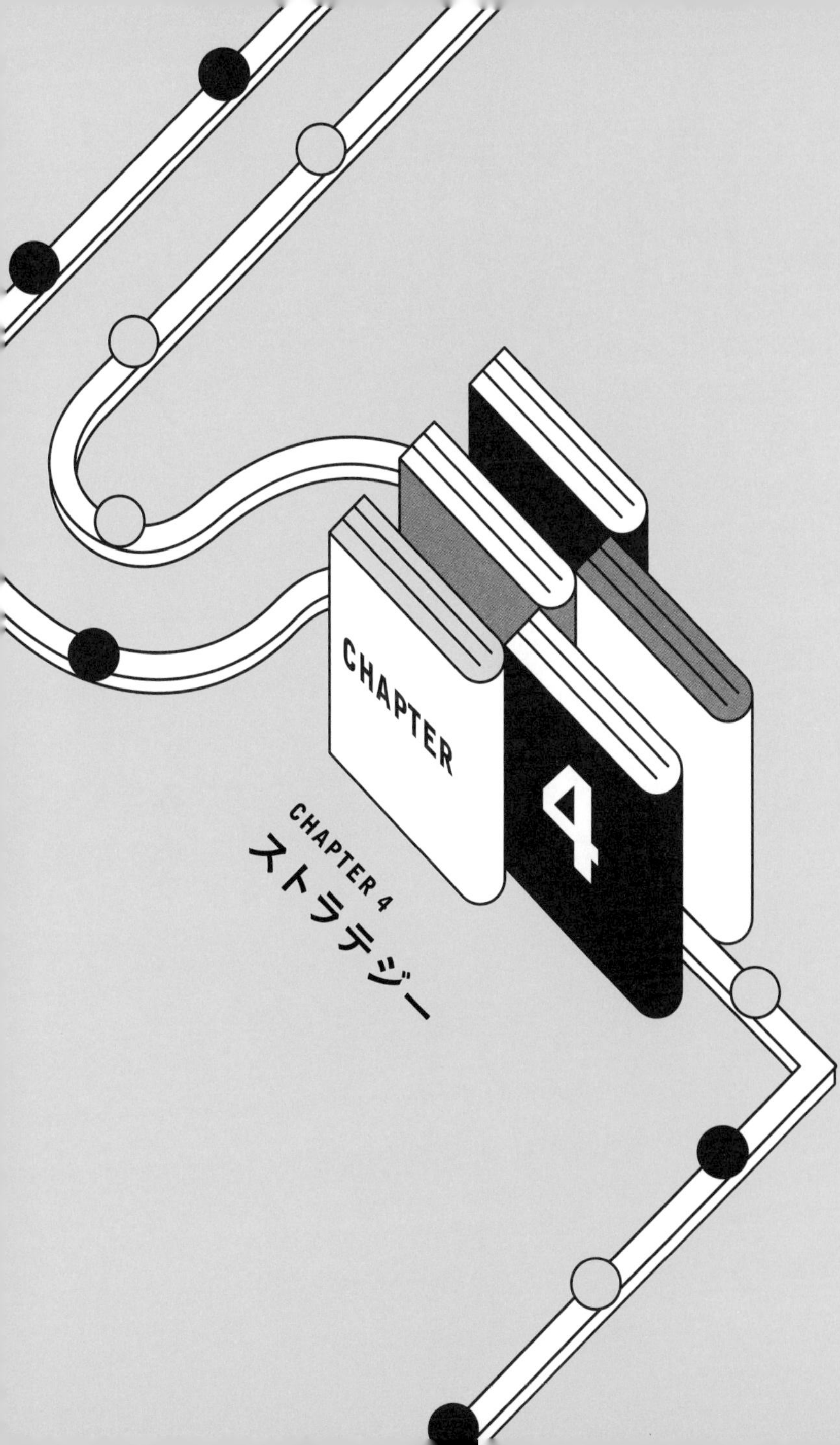

サービス、ブランド開発をしてみよう

第2章では、サービスや商品を開発するためのアイデア発見のメソッドをご紹介しました。

良いアイデアを発見しても、そこにキャラクターをつくってあげないと市場では認識されません。新しく生まれたアイデアをキャラクターとして成長させていくことが、ブランドをつくるということにほかなりません。

デザインということばは、格好いいとか美しいなど表層の部分の意味に捉えられがちですが、キャラクターでいえば、性格といった内面や、その立ち位置まですべてを設計するということが、本来のデザインの役割だと思います。そのキャラクターが生まれ持っている資質（アイデア）を理解して、人格（キャラクター）を育

てるということ。
私がクライアントにその話をするときも、その会社のことをよく擬人化して質問を行います。たとえばクラスメートだったとするとどんな立ち位置にいる人でしょうか。その人はスポーツマンで人気者なのか、いつも周りに人が多く集まる面白い人か、勉強ができて目上の人からも信頼される生徒会長タイプなのか、どんな声か、清潔感はあるか、どんな字を書くのか、きょうだいはいるか、性別は、などとにかくたくさんのことを想像していきます。

この章では第2章で紹介したメソッドを使って、どのようにキャラクターをつくっていくのかの事例を2つ具体的に紹介します。一つは、実際のクライアントワークでの新規ブランド開発の事例。もう一つは弊社で実際に行ったデザインワークショップを通じて生まれた架空のサービスです。

京都のあんぱんブランド「SIZUYAPAN」

最初に紹介するのは、京都の老舗パン屋「志津屋」から誕生した「SIZUYAPAN」の事例です。プロジェクトの進行を大まかにまとめると、以下のようになります。

1. 【はじめに】プロジェクトの内容を整理し、目的を明確化する。
2. 【デザインコンセプトの立案】志津屋とSIZUYAPANからイメージワードを抽出。これらのイメージを掛け合わせ、デザインコンセプトを立案する。
3. 【バックストーリーの設定】ブランドにまつわる架空のバックストーリーを考え、ブランドに厚みと秩序を作る。
4. 【ビジュアルコミュニケーションの制作】2と3のイメージをもとに、デザインの骨格を制作。家紋や掛け軸など、日本の伝統イメージをデザインに落とし込みながら、同商品のデザインコンセプトである「伝統」と「革新」を伝えていく。

2.では、志津屋とSIZUYAPANに関連したイメージワードをひたすら抽出していきます。抽出したイメージワードをカテゴライズ、集約しながら、ブランドの核となるワンワードを導き出し、デザインコンセプトを立案します。

3.では、ブランドに厚みと秩序をつくるためにバックストーリーを設定しました。こうしたストーリーは、ビジュアルコミュニケーションを設定する際にも役立ちます。各あんぱんの〝餡〟の特徴を日本の〝家系〟にたとえ、それを表現する家紋を設定しています。

4.では、写真やイラストなど、デザインの参考になりそうな資料をとにかく集めます。さまざまな資料をひたすらアウトプットすることで、脳みそのリミッターを外しやすくしているのです。

次ページからはビジュアルを交えて実際の手順を説明します。

はじめに

最初にプロジェクトの内容を整理し、目的を明確化しました。今回のお題は「老舗パン店の姉妹ブランドをつくる」ということでした。

イメージワードを抽出

カルネ	京都	高品質	おいしさ	ほっこり	種類豊富
素材の拘り	親しみ	作り立て	老若男女	明るい雰囲気	生活の一部
青	庶民的	丁寧な接客	便利	安全安心	手軽
毎月新商品	伝統	大衆的	名物	老舗	健康

志津屋の特徴を思い浮かべながらことばをひたすら挙げます。「大衆的」「丁寧な接客」「毎月新商品」などの短いことばに分解してならべていきます。

カテゴライズ、集約する・1

PHILOSOPHY		SERVICE		APPEARANCE	
京都	伝統	手軽	丁寧な接客	庶民的	親しみ
健康	安全安心	毎月新商品	老若男女	老舗	ほっこり
素材のこだわり	青	種類豊富	便利	大衆的	名物
おいしさ	作り立て	生活の一部	高品質	明るい雰囲気	カルネ

次にブランドの核となるカテゴリを作成し、各カテゴリにイメージワードを当てはめていきます。ここでは上記の3つに集約しました。

カテゴライズ、集約する・2

PHILOSOPHY

↓

「おいしさ」を大切にし京都から生まれた

SERVICE ＋ **APPEARANCE**

↓

万人に愛される身近な老舗パンや

わかりやすくするためカテゴリごとのコピーを考えます。Philosophyは品質、ServiceとAppearanceは親近感を表すことばを入れました。

デザインコンセプトを立案する・1

「おいしさ」を大切にし京都から生まれた、
万人に愛される身近な老舗パンや

↓

「おいしさ」を大切にし京都から生まれた、

?

コピーをもとにコンセプトを立案。志津屋だからできることを大切にしたかったため、「おいしさを大切にし京都から生まれた」をそのまま採用。

デザインコンセプトを立案する・2

アプローチしたいキーワード

京都発　　差異化　　ギフト需要

志津屋とSIZUYAPANの違いは何か。それを明確にする3つのポイントを明確にして、それをアプローチワードとして設定しました。

デザインコンセプトを立案する・3

差異化　ギフト需要

トレンド	先鋭的	特別感	憧れ	安心	丁寧
デザイン性	革新	コンパクト	大人	ユニーク	耐久性
重厚	モダン	洗練	インバウンド	選べる	見栄え
デコラティブ	個性	高級感	ステータス	フォーマル	付加価値

それぞれのアプローチワードを解体し、その中に含まれる特徴やポイントをワード化。ここでは差異化とギフト需要の2つを解体しました。

デザインコンセプトを立案する・4

「おいしさ」を大切にし京都から生まれた、

憧れを生むモダンで大人のパンや

↓

「伝統」と「革新」

差異化とギフト需要ということばが持つイメージの共通項を集約し、「憧れを生むモダンで大人なパンや」というワンワードに集約しました。

バックストーリーを設定する・1

“京都のとあるパンづくりの盛んな
架空の村、志津村。
そこにはおいしいとうわさのパン屋さんが
いくつも軒を連ねる。
そんな腕に覚えのあるお店が
それぞれ最高の一品を出し合いつくりあげた、
京都を代表するブランド。”

ブランドに厚みを持たせるため架空のバックストーリーを設定。あんの産地や製造所にも違いがある点を、日本の家系にたとえようと考えました。

バックストーリーを設定する・2

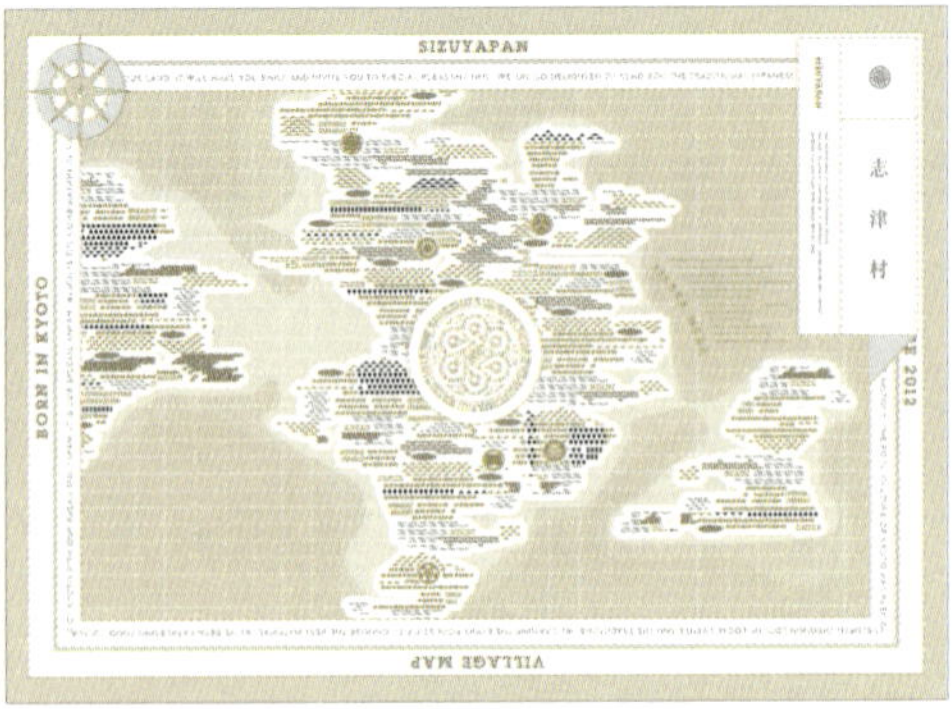

志津村という架空の村のストーリーをつくり、さらにはこの村の地図を作製。ビジュアルコミュニケーションにおけるフックとしました。

バックストーリーを設定する・3

「あんぱんごとに家紋があれば、京都らしさを表現できるんじゃないか」ということから、パンごとに家紋を設定しようと考えました。

デザインの骨格をつくる

出来上がったバックストーリーをもとにデザインの骨格をつくります。モダンな京都のイメージを探るために、関連した資料を集めます。

photo by stock.foto (akispalette、PaylessImages -、peia)、PIXTA、sanographix https://photo.sanographix.net/

ビジュアルコミュニケーション・造形

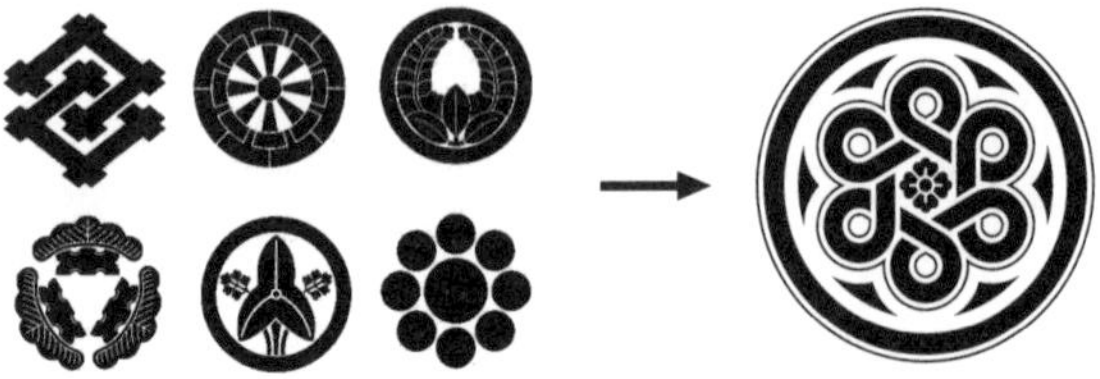

最後にこれまでのコンセプトを「造形(グラフィック)」「構造(造り)」「色彩」「商品」の4つの考え方に分けて落とし込みます。

ビジュアルコミュニケーション・構造

構造は掛け軸のイメージ。掛け軸をイメージした縦長のボックスに欧文を多用したラベルを貼ることで、モダンなイメージに。

ビジュアルコミュニケーション・色彩

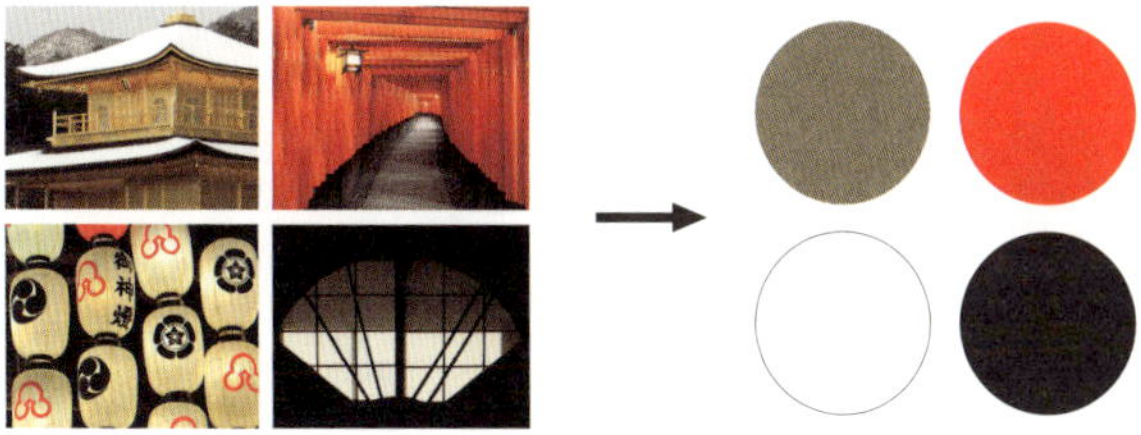

色彩は金閣寺や鳥居といった京都のイメージ。これを反映した金と赤に基本の白と黒を加え、計4色でブランドを管理することに。

ビジュアルコミュニケーション・商品

商品はSIZUYAPANのアプローチワードである「憧れを生むモダンで大人なパンや」を実現するためサイズを小さくして上品に。

photo by stock.foto (akispalette、peia)、PIXTA、sanographix https://photo.sanographix.net/

SIZUYAPAN

SINCE 2012

ロゴ

SIZUYAPANのロゴマークには、「志津村」をイメージした架空の家紋を組み込んだ。サークル内の6つの丸は、デビュー時に発表した6つの商品の家紋を表している。商品や家紋1つ1つに規則性を設けて展開。「酒粕生地なら円の周囲をドットにする」「抹茶生地なら円の周囲に葉っぱを付ける」「こしあんなら円の内部をスミベタにする」などのルールを設定することで、世界観に統一性を持たせている。

パッケージ

パッケージの素材には、クラフトに近い紙を選択。手に取った際の温かみを重視した。また、パッケージに直接ラベルシールを貼ったことで、ラインアップの追加にも低コストで対応できるようになった。

架空の「小児歯科」のサービスを開発する

本メソッドを使うことでこれまでとは視点の違うまったく新しいサービスの開発が可能だという例をご紹介します。これは弊社の若手デザイナー向けに開催したワークショップで、実際にデザイナーが提案したものです。このときはこれまでにないサービスを行う歯科医院をデザインする、というお題を設定しました。

まずは、架空のクライアントを想定し、そこに向けて具体的な新サービスを考えます。対象クライアントは、新規に開業したい若い歯医者さん。クライアントからのお題は、「たくさんある小児歯科のなかで差異化を図るため、ほかにはない、子どもが行きたくなるようなデザインの小児歯科を作りたい」というものです。

そして新サービスに合わせて、店舗からCIのデザイン提案までをデザイナーにしてもらいました。その結果が、154ページからの提案です。ユーザーへのインタビューから、子どもたちがとにかく歯医者には行きたくないという現状を認識。さらに市場調査や海外事例の調査まで、かなり情報を集めていることがわかります。雑誌の編集会議のように、まずは新鮮なネタをたくさん集めることが重要で、この調査をもとに現状や潜在的な課題を抽出した結果、「予防歯科」という考え方が導き出されました。

さらに先ほどのSIZUYAPANのように、さまざまなワーディングをもとに、コンセプトを作成します。デザインのコンセプトを「学校」として、さまざまなツールのデザインまでを落とし込んでいます。

まずは、その思考のプロセスと提案内容を見てみましょう。

イメージをヒアリングする

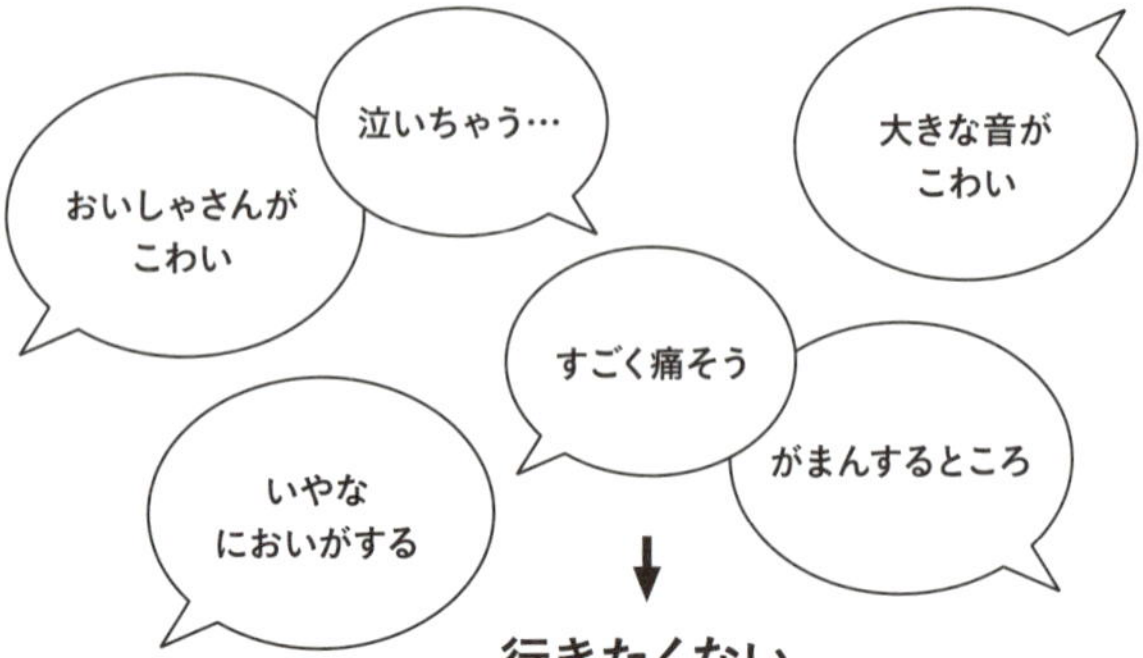

おいしゃさんが
こわい
泣いちゃう…
大きな音が
こわい
すごく痛そう
がまんするところ
いやな
においがする

↓

行きたくない

まずは子どもにインタビューをして、歯医者のイメージを確認しました。すると「行きたくない」という意見が多数寄せられました。

課題を把握する・1

見た目は『楽しそう』『かわいい』
だが結局は『虫歯を治療する病院』である

↓

痛い、怖い思いをする

↓

「行きたくない」という
子どものイメージは解決できていない

全国の歯医者はさまざまな工夫をしていることも調査をしてわかりましたが、結局は『虫歯を治療する病院』という歯医者の本質は同じです。

課題を把握する・2

早く寝ないと
お化けが出るよ！

“子どもだまし”な方法

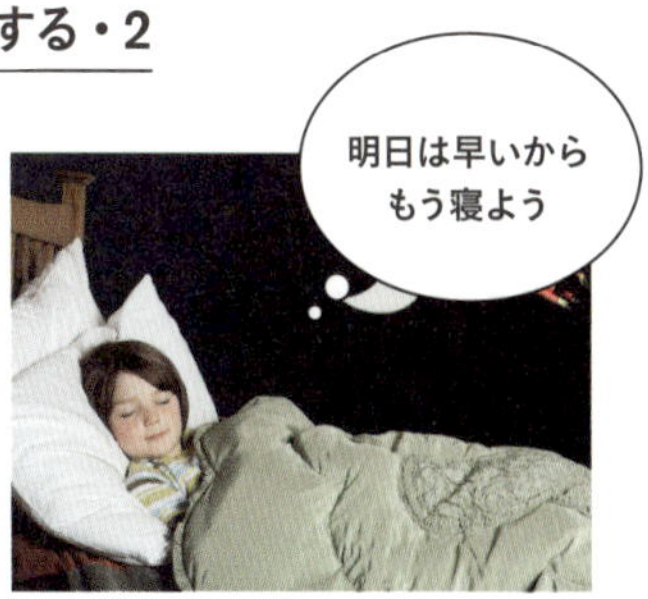
明日は早いから
もう寝よう

「なぜ寝なくてはいけないのか」を理解させる

自分の意思で行動できるのが理想

歯医者に行くきっかけを聞くと「このまま歯医者に行かないと余計痛い思いをする」と、親から説得されて行ったという子どもがほとんど。

課題を把握する・3

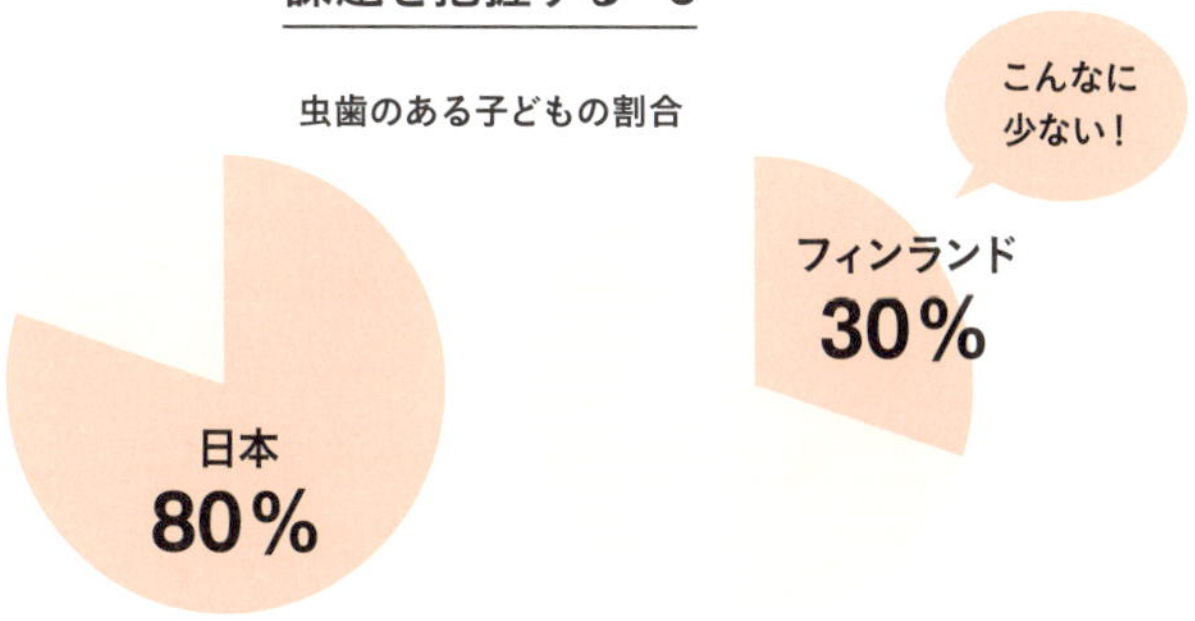
虫歯のある子どもの割合
日本
80%
フィンランド
30%
こんなに
少ない！

日本と北欧は大きく割合が異なる → **子どもが虫歯予防をしている**

フィンランドでは、日本に比べて虫歯のある子どもが50%も少ないのですが、その要因が虫歯予防に力を入れていることにあるとわかりました。

 photo by getty images

デザインコンセプトを作成する

治療が痛い・怖いので行きたくない

↓

虫歯にならない、虫歯をそもそも作らない
歯医者さんが必要なのでは

↓

『予防歯科』をメインにした小児歯科

虫歯にならないために歯医者に通う『予防歯科』をメインにすれば、治療で痛い思いをする子どもが減るのではと仮説を立てました。

デザインコンセプトを作成する

正しい知識・習慣と
定期的な検診が必要

通うことが
つらくない工夫

↓

正しい理解

怖さを紛らわせるのではなく、
なぜ必要かを理解し、
自分の意思で予防していくことが理想

虫歯予防に必要なのは正しい知識と習慣、定期的な検診です。子どもが楽しく歯医者に通えるように通うことがつらくなくなる工夫が必要です。

デザインコンセプトを作成する

見えてきたキーワード

予防歯科

通うことがつらくない工夫

正しい理解

こうして「予防歯科」「通うことがつらくない」「正しい理解」という３つのキーワードが見えてきました。

デザインコンセプトを立案する

『学校』のようなスタイルで
『なぜ虫歯になるのか学ぶ』ような
『予防』に重点を置いた歯科

そこで出した答えが、『学校』のようなスタイルで『なぜ虫歯になるのか学ぶ』ような、『予防』に重点を置いた歯科です。

デザインコンセプトを作成する

学校

- ☑ 対象年齢は3～12歳
- ☑『学校』をテーマに、
  ぬくもりを大切にした空間デザイン
- ☑ 新たなコミュニケーションスペースにも

ここからはデザインをする上でのターゲット設定と、課題を解決するためのデザインのトーン&マナーを設定します。

デザインコンセプトを作成する

『学校』で歯にについての正しい知識を学び
虫歯を『予防』できるようになる

↓

治療で痛い思いをすることがなくなり
『通うことが苦ではなくなる』

↓

『どこにもない、子どもが行きたくなる予防歯科』ができる

これまでの歯科とはまったく異なり、どこにもない歯科かつ、子どもが行きたくなるような予防歯科というコンセプトが完成しました。

DENTAL SCHOOL
ハピカ
デンタルスクール
HAPPY! PIKAPIKA!

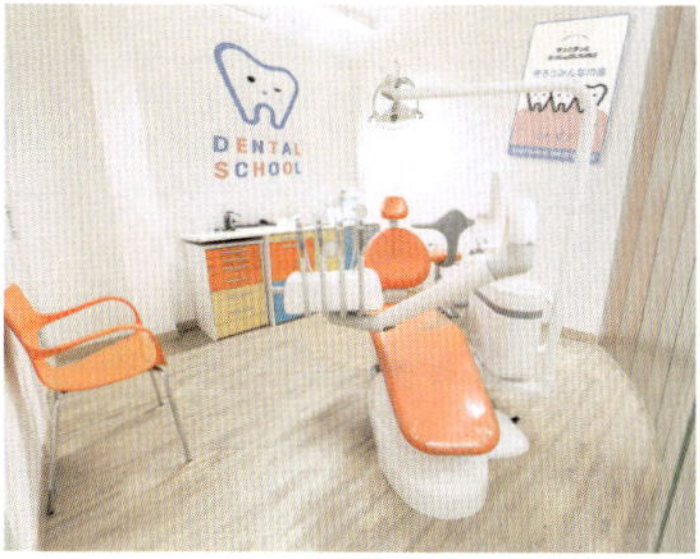

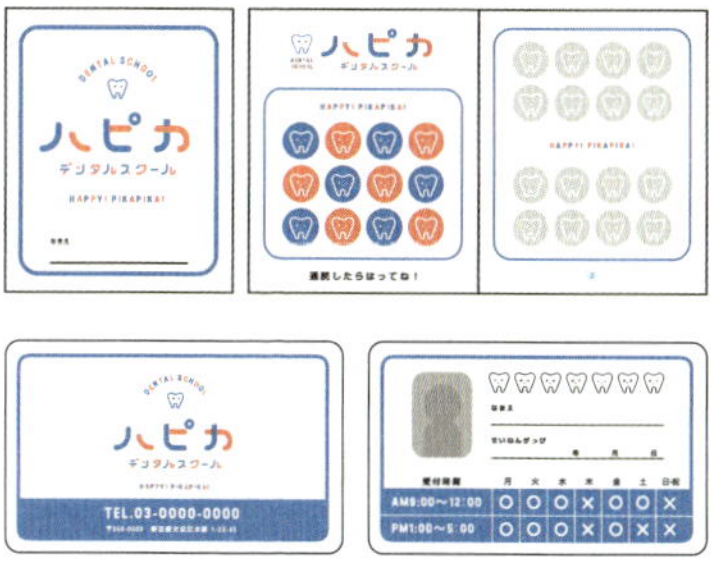

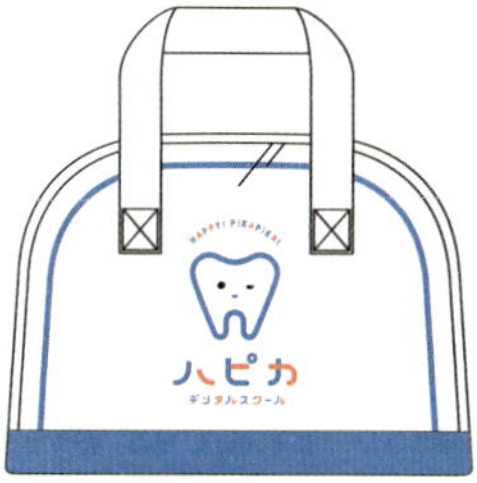

名称は、『ハピカ デンタルスクール』としました。歯をモチーフにしたかわいらしいキャラクターもつくり、親近感のあるイメージにしています。さらに、スクールバッグなどのアイテムもデザインして、通いやすい工夫もしました。

自由な発想を得るためのコツ

いかがでしたでしょうか？　こうして出来上がったものを見ると、とてもスムーズに新しいサービスが生み出せているように見えるかもしれません。しかし、実際はこのチームはこの提案を数人で10日かけてつくります。そこには、必ず生みの苦しみが伴います。

そうしたなかで、可能な限り議論を楽しみ、自由な発想を得るために必要なことがあります。新サービス提案をつくるためのワークショップで欠かせないのが、

・メンバー各個人が、さまざまな資料を事前に持ち寄っておくこと

・メンバーそれぞれがお題に対するエピソードトークを楽しく、自由にできる環境を作ること

・生まれたアイデアを具体的にビジュアライズできるデザイナーを参加させること

の3点です。

特に3番目のデザイナーの参加。よくデザインシンキングは「デザイナーではない人がデザイナーのように自由に考える」ための手法と理解されがちで、それが結果的にデザイナーいらずの思考法と考えられるケースが見受けられます。ですが、ビジネスに「ワクワク」や「楽しさ」を取り入れるためには、みなで真剣に考えたビジネスモデルを楽しくビジュアライズし、説得力を持たせてくれるデザイナーの参加が本来は欠かせません。

近年、戦略コンサルティングファームと呼ばれる企業が、次々にデザイン事務所を買収するケースが増えています。それは、ビジネスの現場で優れたアイデアを最終的に魅力的な形に落とし込んで魅力的な未来を提示できる、デザインの必要性がどんどん増しているからでしょう。

CHAPTER 5
対談

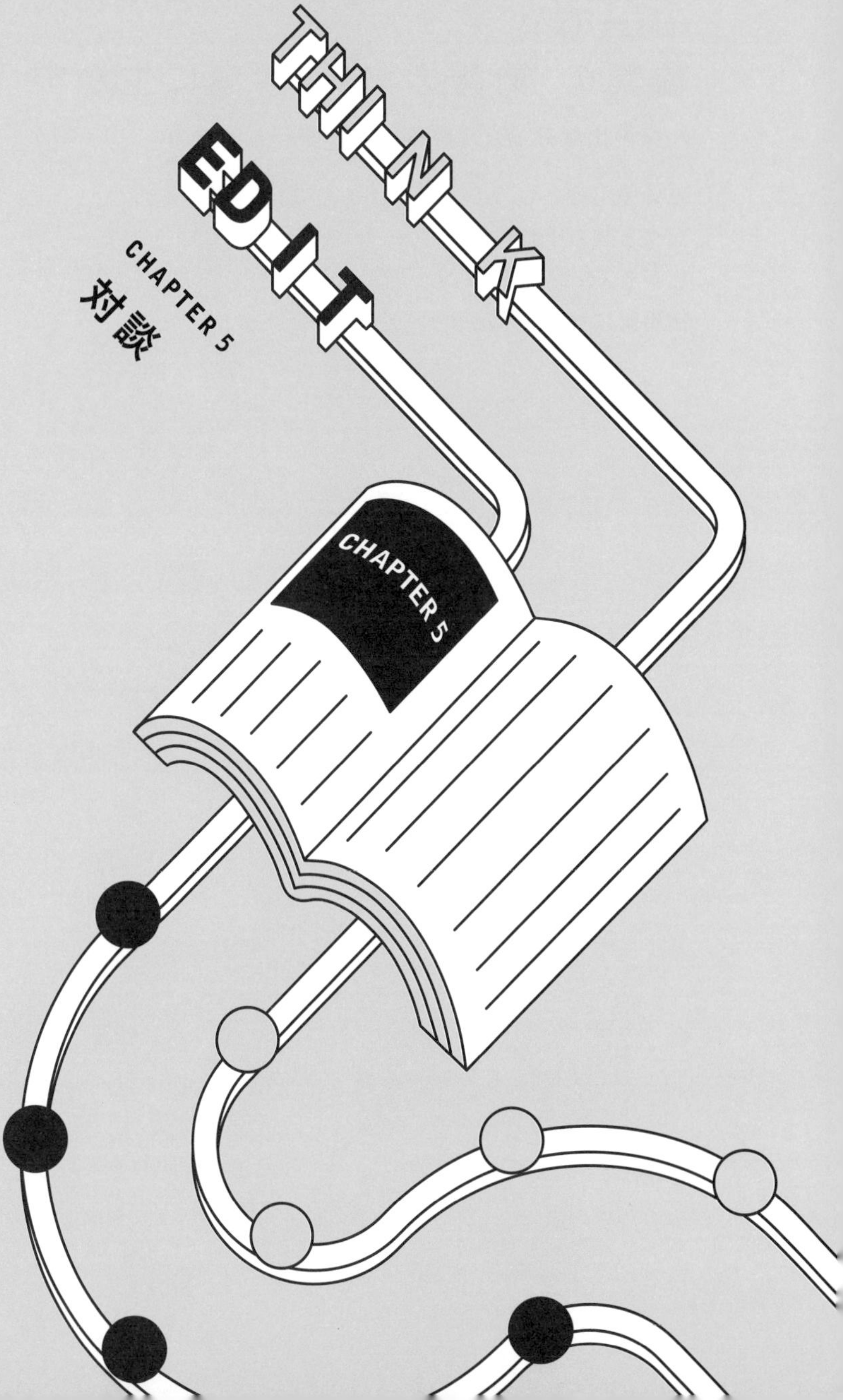

CROSS TALK 1

編集の「情報力」を他事業に生かす

×美術出版社 岩渕貞哉（取締役・「美術手帖」編集長）

雑誌編集者としての経験を頼りに、新規事業を
次々と立ち上げる岩渕さん。
ビジネスマンっぽくない、岩渕さん独自の
仕事術について聞きました。

岩渕貞哉（写真右）
TEIYA IWABUCHI

『美術手帖』編集長。1975年横浜市生まれ。1999年慶応義塾大学経済学部卒業。2002年から『美術手帖』の編集に携わり、2008年から現職。美術出版社取締役。2019年、アートECサイト「OIL by 美術手帖」をローンチ。公募展の審査員やトークイベントの出演など、幅広い場面で現代のアートシーンに関わる。

野口　今回、「編集思考」をテーマにした本をつくるにあたって、実際に編集思考を活用してお仕事をされている方にお話を聞きたいと思っていました。そのときすぐに頭に思い浮かんだのが、岩渕さんでした。

岩渕さんは『美術手帖』の編集長だけではなく、新規事業の立ち上げやその運営・経営も手がけられていますよね。そしてどんな事業をやるにしても、そのベースには編集で培った考え方があるのではと思っています。この岩渕さんの考え方を掘り下げていくことは、「編集」という金型を使った新しい未来を見ることにつながるのではないかと考えたのです。

岩渕　ありがとうございます。

野口　岩渕さんと私が出会ったのも美術手帖でしたね。2007年に美術手帖のリニューアルを担当することに決まって、1年くらいかけて一緒に準備しました。当時、岩渕さんは副編集長で、編集長は別の方が担当されていました。

岩渕　当時は、日本でも現代アートが世間から注目され始めた時期でした。六本木ヒルズの森美術館での現代美術展が定着したり、グローバルなアートマーケットでは村上隆をはじめとする日本人アーティストのオークション落札価格がニュースになっていました。美術手帖もその波に乗って、もう少し幅広い層にもアプローチしたいなとリニューアルに踏み切りました。

野口　ちなみに、当時の美術手帖はどういった方が読者の中心だったんですか？

岩渕　1948年の創刊当初は、制作するひとへの情報提供やコミュニティーづくりが主な目的でしたので、画家や美大生など、創作者が中心でした。50年代半ば〜70年代には批評的な記事も増えてきて、美術専門誌として受け手もターゲットになっていきます。いわゆる論壇・文芸誌の判型ということもあり、モノクロのテキストが中心であくまで専門誌というものでした。

2008年のリニューアルの際は、当時カルチャー誌の休刊がちらほら出てきていた頃で、美術手帖は上り調子でしたので攻めのリニューアルと考えていましたが、いっぽうで、もし失敗したら休刊するかもしれないという覚悟は持っていました。

野口　そんな覚悟があったとは知らなかったです！

私がリニューアルで一番印象に残っているのは、やはり「判型」の話です。当時は、美術手帖をより大衆向けにするために、判型を大きくして広告を入れようという話もあったじゃないですか。私は本当に、それがすごく気がかりで。

岩渕　野口さん、すごく反対されていましたよね（笑）。

野口　だって、あの判型って、美術手帖のアイデンティティーみたいなものじゃないですか。私の代でそれを変えてしまったら、美術手帖通の人たちに、「やっぱり野口ってアートディレクターは駄目だな」と陰口を叩かれてしまう。毎晩そんな悪夢を見て、うなされていましたよ（笑）。

それで、「やっぱり『手帖』なんだから、小さいままでいきましょうよ」と1年かけて当時の編集長を説得して、ぎりぎりでひっくり返しました。それが、リニューアルで一番大きかったことかなと。

岩渕　編集者的にも、大きい判型への変更は難しいと思っていました。大きくなるとビジュアルが中心になるので、これまでの編集の方法論が通用しない。企画の考え方自体をつくりなおす必要があるので、採用されたら全員苦労していたでしょうね。それに、私もあの型番が美術手帖のアイデンティティーだと思っています。

野口　リニューアルで一番変えたのは、タイトルロゴのサイズでしょう。おそらく一般的な雑誌のロゴと比較しても、相当小さいほうだと思います。その代わり、特集タイトルを大きく表示することに決めました。

美術手帖は歴史のある雑誌なので、雑誌自体の説明はほとんどいらないんです。逆に、特集タイトルを大きく表示することで、「この特集は面白そうだから買ってみよう」と思ってもらいたかった。プライオリティーのメリハリを明確にしましょう、という提案をしました。

岩渕　美術手帖にかぎらずいまの雑誌は、特集主義ですよね。当時から「この雑誌だから買おう」というよりも、「この特集が面白そうだから買おう」という読者が多い印象でした。そうした流れを受けて、美術手帖も特集のページ数を増やしたり、特集名を目立たせるようなデザインにしたりと工夫をしましたね。

野口　あの頃は、爆発的に売れる号とそうでない号の差が大きかったみたいですよね。

岩渕　そうですね。なので、年間での実売数を目標に、売れる企画のトップラインをどう伸ばしていくかを試行錯誤していました。

出版の状況も大きく変化した現在は、そうした対症療法的に数字をつくるのではなく、美術手帖を毎号読みたいと思ってもらえるファンをいかに増やしていくかに注力しています。雑誌をそのカルチャーのコミュニティーのためにどう活用してもらうかが大切かなと考えています。

野口　時代もどんどん変わっていく。

岩渕　最近、「表紙の特集タイトルなどで説明しなくてよい」という考えに変わってきました。いまは、書店でいきなりではなく、ツイッターやインスタグラムのSNSで事前に内容の情報を紹介できますからね。

野口　昔は、書店で美術手帖を見かけて「この特集なら買おう」という人が多かったけど、いまは、SNSで美術手帖を見かけて「この特集なら買おう」という人が増えてきたんですよね。

SNSでは画像と一緒にテキストが投稿できるので、メインの情報はテキスト欄で表示できる。だから、表紙に大きく特集タイトルやテーマを入れる必要がなくなってきたと。

岩渕　そうですね。なので、表紙を含めて「すてきなビジュアルだな」「持って帰りたいな」という、〝モノとしての良さ〟を大切にしていきたいですね。

そして、美術手帖では2017年の春に「ウェブ版美術手帖」というアートポータルサイトをつくったんですね。それが軌道に乗ったので、2018年から雑誌の発行を隔月にしました。

これまでの美術手帖では、月間の雑誌の中に展覧会の情報からそのレビューなど1カ月分のアート情報をすべて掲載していました。また、時代の動きが早くなるなかで、アートの最新の動きを追うジャーナリズム的な記事を載せるのには時期を逸してしまう。ウェブ版ができたことで、ウェブ版には時事的でジャーナリスティックなニュース、雑誌ではテーマを深く掘り下げていくような企画をとすみ分けることにしました。

アーティストが自由に遊べる枠をつくるのが編集の役割

野口　私は、美術手帖が軌道に乗ってきたのは、岩渕さんが編集長になってからだと思っているんですよね。そこには、岩渕さんがアーティストの信頼を勝ち取ったこと、そして、適切なタイミングでSNSを活用できたことという、2つの理由があると思っていて。

岩渕　ありがとうございます！　自分では分析できていない点かもしれない（笑）。

野口　同じ美術系の雑誌でも、美術手帖と他の雑誌の特集には大きな違いがありますよね。美術手帖の特集では、アーティストがプライベートなことをしゃべってくれたり、自発的に動いてくれたりしているのが分かるんですよ。そういうのって、岩渕さんだからこそだと思うんです。いままでの編集長と岩渕さんには、どんな違いがあるんですかね。岩渕さん、どうやってアーティストの信頼を勝ち取っていったんですか？

岩渕　どうなんでしょう!?　アーティストとの距離感が違ったかもしれません。

雑誌って、その名が示す通り、〝読み捨てられるもの〟という側面が大きいと思うんです。もちろん、それが雑誌の楽しさだったり、よさだったりもするんですが。

でも、私は美術手帖は雑誌的な側面も持ちつつ、そういったものと少し違うかなと思っていて。アーティストの特集号でも、村上隆さんなら村上隆さん、会田誠さんなら会田誠さんについての決定版になるような、将来の批評家やキュレーターが研究の対象として参照するようなものにしたいと考えていました。

だからこそ、インタビューではいままでにない話をしてもらったり、図版としてすべての作品を掲載したり、幼少の頃から始まる年表などにこだわっていました。評論も、一番そのアーティストにふさわしい、決定的なものを書いてくれそうな人にお願いする。そういう心意気が、アーティストに「自分のまとめをしてもらえる」と映ったのかな。

野口　リニューアル第1号は会田誠さんの特集でしたよね。2人で会田さんのアトリエに行った記憶があります。

岩渕　その特集担当が私だったんです。通常、アーティストの特集は美術館などで個展が開かれるタイミングで企画することが多いのですが、当時の会田さんには特にそういった動きはありませんでした。でも、リニューアルする美術手帖を象徴するような特集にしたいと思ったときに、会田さんの顔が真っ先に思い浮かびました。

野口　特集テーマもユニークでした。『あらうんどTHE会田誠』というタイトルで、会田さんの弟子筋の方々をメインにしたんですよね。

岩渕　私は、リニューアルの少し前から「雑誌でシーンを紹介するにとどまらず、誌面自体がアートの現場になるようなものにしたい」と考えていました。

その頃、会田さんの周りに、若いアーティストやクリエーターがどんどん集まっていたんです。まだほとんど知られていない彼らをニューカマーとして会田さんに紹介してもらい、同時にそんなコミュニティーをつくっている会田誠の魅力に迫りたいと思ったんです。

それを会田さんに話すと、すごく面白がってくれて。「この人はこのくらいの枠で」とか、「この人にはこういうことをやってもらいたい」と、どんどん提案してくれて、時には直接依頼までやってくれたり、特集タイトルも考えていただきました（笑）。

それで、『あらうんどTHE会田誠』では、会田さんが企画監修的な存在で、私はそのサポート役というようなイメージで、特集づくりが進んでいきました。

野口　岩渕さんは、企画を決めてアーティストに枠を渡すんじゃなくて、自由に遊べるフィールドを渡しているんですよね。それが、アーティストには目新しく映ったんじゃないかな。

表紙のアイデアも会田さんが考えてくれましたよね。『ザ・テレビジョン』のパロディーで、会田さんと若手アーティストがレモンの代わりにナマコを持っているという。分かりづらいですね（笑）。

岩渕　ナマコは近所の魚屋さんで予約して、私が朝買っていきました（笑）。撮影していると、掌の温度で小さくなってきちゃうんですよ。それで、あんまり写らなかった……。

会田さんには、その後もグラビアページの連載をしていただきました。

野口　私のキャリアがスタートしたのは、マガジンハウスのポパイなんですけど、岩渕さんとポパイの雑誌づくりには共通点があるような気がします。

というのも、ポパイも岩渕さんも、まずは自分の興味ありきで企画をつくっているんですよね。だからこそ、周囲にも面白い人がどんどん集まってくるんです。そういう仕組みが、岩渕さんの美術手帖にもあるということですよね。

岩渕　私は特集をつくるときに、毎回つくり方を発明したいなと思っています。

雑誌づくりって、もうおおよその型が台割上で決まってくるんです。巻頭ビジュアルがあって、インタビューがあって、テキストがあって、というような。だから、慣れてくると左手でも台割や企画書はできてしまうんですね。

だけど、それだと自分が飽きてしまうし、誌面にも表れてしまうので、毎回、特集のつくり方自体を工夫するようにしていました。内容の手前のつくり方を新しいものにすれば、必然的に内容も見たことのないものになるかなと。それで、アーティストの周囲の人たちも巻き込んでみようとしたりとか。だからこそ、会田さんの特集でも、会田さんはむしろ企画者側の裏方で、周囲の人を主役にするという、いままでにない企画ができたんだと思います。

フラットな立場を維持すると人が集まりやすい

野口　先ほども、岩渕さんはSNSの使い方が上手だという話をしたと思うんですけれども。美術手帖は2010年ころからツイッターを利用していますが、アカウントを開設したきっかけはあったんですか？

岩渕　当時のアートシーンでは、インターネットに適応したような新しい動きがあって、ツイッターに注目する関係者も増えていました。美術評論家の黒瀬陽平さんが中心となったグループ「カオス*ラウンジ」が出てきたのもこの頃です。村上隆さんがその動きに機敏に反応してツイッター上で発信するようになったり。私もこの感覚に追いついていかなきゃと、焦ってアカウントを開設しました。先駆的にツイッターを始めたというよりも、アート界の流れに乗っかろうとして、おそるおそる始めたくらいの話です（笑）。

野口　美術界隈からはかなり注目されていたと思いますよ。アートの情報源になったり、村上さんたちと無作為に絡んだりして話題になったこともあるし。フォロワーも1日に1000人くらい伸びていましたよね。

それに、岩渕さんはSNSがきっかけで、テレビやラジオにもご出演されるようになりましたよね。これは大きな飛躍だと思いますよ。

岩渕　確かに、SNSがきっかけとなってメディアの依頼をもらうことは多くなりました。私自身は表に出るのがあまり得意ではないんだけど、編集長になって最初の3年ぐらいは修業のつもりですべての依頼を受けてみようと決めました。

野口　雑誌とご自身の経験のために。確かに、取材を受ける側になって初めて分かることも多いですよね。岩渕さんは、いろいろな鍵《キー》を持っているという気がします。

岩渕　雑誌の編集者ってニュートラルな立ち位置なんですよ。アーティスト、キュレーターやギャラリーともフラットに付き合っているし、自分の主張を前面に出したりもしない。アートの専門ではない人たちが何か聞きたいというときには、ちょうどいいのかも。アートに関することについて、専門家的なバックボーンを持ちながら、一般の人に翻訳して伝えるという役割は、雑誌の役割と変わらないのかもしれません。

野口　ＳＮＳやウェブ版の美術手帖はもちろん、ウェブを基軸にした新しいサービスにも力を入れているんですよね。

岩渕　はい。ウェブ版の美術手帖が順調に伸びているので、ウェブでの展開をさらに広げたいと考えて、今年4月から「OIL by 美術手帖」というアートＥＣサイトをスタートさせました。アート作品をウェブ上で購入することのできるモール型のサイトで、日本のギャラリーやショップに出店していただいています。

野口　ギャラリーを通して販売しているんですか？

岩渕　はい。日本では少しずつ広がっているとはいえ、アート作品をコレクションすることはまだまだハードルが高く、アートマーケットは作品の価格の付け方や変動について、不明瞭だと考える人も多いんです。

そこで、ギャラリーは目利きとしての役割を果たしてくれます。「美術手帖が選んだギャラリーが扱っている作家・作品なら安心だな」と思ってもらい、そこから自分に合った好きな作品を選んでもらいたいんです。

野口　ギャラリーを通すことで、ギャラリーのことはよく分からないというお客さんに、ギャラリーを知ってもらうきっかけにもなりますよね。

岩渕　そうですね。日本では、美術館に行く人はたくさんいるけど、ギャラリーにまで足を運ぶ人は少ないんです。でも、美術館での個展って、本当にメジャーな作家しかできないことが多いんですよ。なので、若いアーティストや、現役アーティストの新作は大抵、ギャラリーでしか見られないんですね。なので、OIL by 美術手帖を通じて、ギャラリーにも目を向けてもらえればと思っています。

野口　なるほど。

岩渕　同時に、OIL by 美術手帖には、メディア的な機能も持たせたいなと思っています。アートの楽しみ方や、その人に合わせた予算感、購入後のイメージ、メンテナンスの仕方などを伝えることで、アートを購入する心理的ハードルを下げる工夫もしています。

野口　ちなみに、日本のアートマーケットっていま、どんな感じなんですか？

岩渕　２００８年ころにグローバルマーケット拡大の余波で一度盛り上がったんですが、リーマンショック後にしぼんでしまいました。

でも近年は、前澤友作さんや、ストライプインターナショナルの石川康晴さんを筆頭に、若い起業家や経営者の方によるアートコレクションやアーティストへの支援活動が話題に上るようになりました。

これまでの現代アートのコレクターには、アートが好きで生活費を切り詰めながら作品を購入していくような人が多かった。そこから、アートとビジネスをつなぐような人たちが出てきて、マーケットのありようも少しずつ変わってきましたね。

野口　欧米だと、どんな人の家にも何かしらのアートが掛かっているよね。日本は高度経済成長で急激に成長して、「とにかく三種の神器をそろえよう」と必死に頑張ったけど、その後バブルがはじけちゃった。だから、まだ文化を楽しむという域に達してないのかもしれない。OIL by 美術手帖が、その流れを変えてくれればいいんだけど。

岩渕　グループであるカルチュア・コンビニエンス・クラブ（CCC）は、TSUTAYAでのレンタルサービスを通して、映画や音楽をより身近な存在にしてきました。そして、21世紀のこれからはアートがもっと人々の生活のなかで楽しまれるように、このサービスを通じてアートを身近な存在にしたいと考えています。

雑誌に掲載できるのは全情報の5％
残り95％を新たな事業に

野口　岩渕さんはコンサル的なこともやっていらっしゃいますよね。「どういうアーティストと組むと、今後ブランドがさらに飛躍するのか」など、ブランドからの相談を受けることも多いとか。そういった仕事でも、編集者のスキルをご活用されていると思うんですけど。

岩渕　そうですね。美術誌の編集者は日々展覧会に行ったり、レセプションで人と会ったり、本を読んだりして、情報収集をしています。が、そのなかで誌面に結実するものは、ぎゅっと凝縮したほんの5％くらいの感覚です。そのほかの部分が、誌面以外でも生かせる機会が増えたのはうれしいですね。そこでは広く浅くいろんなことを知っていて、要望に応じてその知恵やネットワークを企画にして出せるというのが強みなのかもしれません。

野口　活動がいっぱい増えた。

岩渕　例えば、美術手帖ではいわゆる広告営業部から、ビジネスソリューションという部署に組織変更をしています。ここのミッションは「美術手帖が培ってきたネットワークや企画力を使って、クライアントの課題を解決するためのソリューションを提供する」と設定しました。イベントのプロデュースや広報支援、本の企画制作などが多いですね。そして、そのソリューションの一環として、美術手帖での広告やタイアップでのプロモーションを提案しています。

野口　岩渕さんは、編集者のときも「企画のつくり方を発明したい」とおっしゃっていたし、そういう方法が性に合っているんですね。でも、出版社は古い体質だから、こういう話は珍しいような気がする。

岩渕　いまは自由にやらせてもらっているので感謝しています。ただ雑誌をつくって売るのではなく、メディアを通じてアートの受容者をつくり、育てていくことがミッションだと考えています。広告でも、ただ広告を売るのではなくて、メディアの持つさまざまな力を通じて、クライアントの課題に応えたい。

野口　そういうふうに、一段上の考え方をすることがポイントなんですね。

岩渕　その点では、美術出版社も「美術専門の出版社」から「アートの事業会社」に事業ドメインを一新しました。美術出版社の強みは、アート関連のネットワークやメディアの信頼感、しっかりした物づくりができることです。それを最大限に生かそうとすると、雑誌と書籍をつくる出版社にとどまらず、アートに特化した事業会社というかたちが考えられるのではないかと仮説を立てました。

美術専門の出版社というとニッチですが、アートに特化した事業会社が出版事業も持っているとなると、それはすごく強みになる。こういう仮説を立てて思考を組み上げていく方法は、雑誌の企画をつくるなかで身に付いたのかもしれないです。

野口　うちの会社もずっと出版一筋でやってきたけど、「編集という考え方は、ほかの事業でも生きるかもしれない」と考えて、編集思考を使ってさまざまなことをしようと思い付いた。これは、岩渕さんと同じですね。岩渕さんの場合は、「メディアをつくる」というところから、「アートを事業化する」と軸を変えることで視野が広がり、新しいビジョンが見えたのですね。

ちなみに、ビジネスソリューションには、具体的にどんな事例があるんですか？

岩渕　最近では、スウェーデンの自動車会社、ボルボさんとの取り組みがあります。ボルボ・カー・ジャパンが東京・青山通りにオープンする店舗「ボルボ スタジオ 青山」では、「アートや音楽、教育などをテーマにしたイベントを定期的に開きたい」という本社からのオファーがあり、そこで「アートの部門を美術手帖にお願いできませんか」というご相談をいただいたんです。

それから、店舗内での展覧会キュレーションを定期的に行いながら、展示作家の田附勝さんの写真でカレンダーを制作したり、地方の芸術祭をボルボでめぐる冊子を一緒につくったりしています。

野口　なるほどね。出版社のなかには「メディアをつくる」以外にも、いろいろなコンテンツがあるから。クライアントと話し合いながら、どのコンテンツをどう利用していくか決めているんだ。これってまさに、編集者が得意とする「コンテンツを抽出して特集の企画を立てる」というのと同じですね。

つねに自分をチューニングしながら、マーケットを分析している

野口　お話を聞いていると、岩渕さんの思考はプロダクトアウト寄りですね。私はプロダクトアウトもマーケットインもどちらも同じくらい大切だと思っているんですけど、どちらがより独創的なアイデアを生み出せるかといえば、やはりプロダクトアウトなんですよね。開発者の個性や思いが反映されやすい分、個性も強いですしね。

OIL by 美術手帖にしても、こういうサービスがあったらいいなというところから始まっているので、完全なるプロダクトアウトの商品ですよね。

岩渕　そうですね。日本にはまだアートＥＣのマーケット自体が小さいので、もちろん事業計画は書きましたが、完全な勝算があるわけではなく、イチからつくっていく気持ちです。

ただ、だからといってマーケットを全く考えていないというわけでもないんです。私は編集をするにしろ事業をつくるにしろ、いつももう一人の自分をシミュレーションしている感覚があります。

つまり、自分をマーケットの中の人間、お客さんと設定して、その自分に仮説を当てながら、そこで自分の感覚や感情がどう動くかを観察するような感じです。そこで、お客さんとしての自分の設定がずれてしまうと、マーケットとずれてしまうので、そこのチューニングのために情報収集や体験を積んでいくことが欠かせません。いいお客さんでいるために、自分自身に肥料をまいて、水やりをして、育てているという感覚とでもいいましょうか（笑）。

野口　それは編集者のときも同じだったんじゃないですか。自分の好きなことを掘り下げながら、美術手帖が求めるだけの部数を売るには、同じような取捨選択が必要だったと思うし。

岩渕　そうですね。私はずっと編集者なので、マーケティングというのがまだ分かっていないのかもしれず、こつこつ実地で勉強しています。ただ、自分が楽しんだり、喜んだりできる、信じられるものだからギリギリまで追い込んで突き詰められる。だからこそ、そのプロダクトに力が宿り、多くの人に伝播していくのかなと信じています。

野口　編集者の仕事に対する感覚はビジネスマンとはちょっと違うんでしょうね。マーケットのロジカル感が全くない。

世間一般の仕事には「人を幸せにするため」の側面があるわけじゃないですか。でも、編集者の場合は、自分が幸せになるために、自分の興味をとことん追求しているわけだから。そこがやはり、ビジネスマンになれないゆえんかなと（笑）。

でも、自分の興味で動くからこそ能動的になれる、というのは大きな強みですよね。

左が創刊時(1948年)の美術手帖。2008年に創刊60周年を迎え、野口氏がリニューアルした(右)。

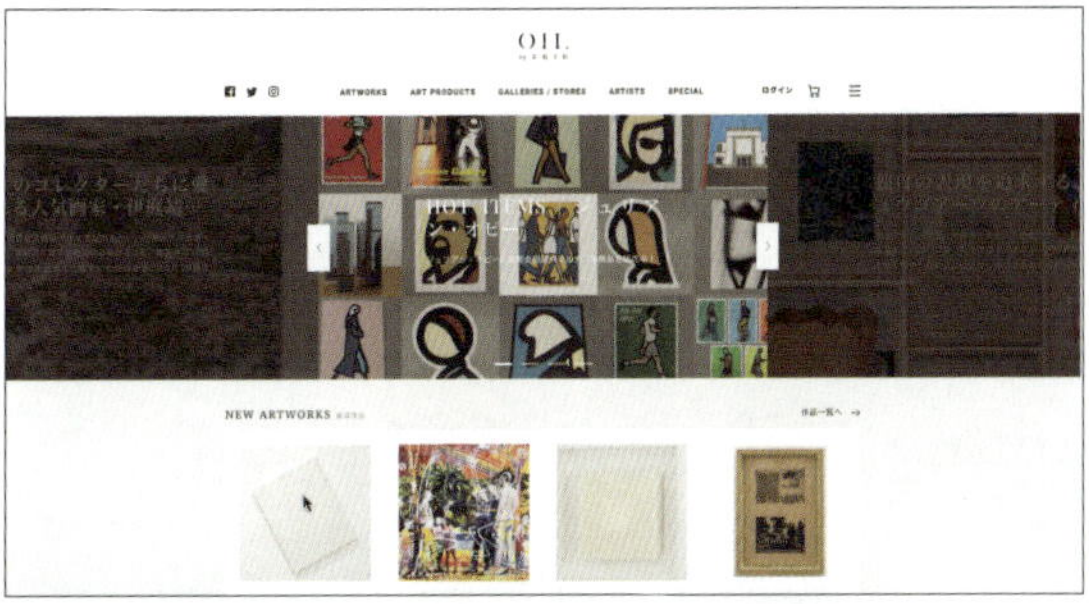

写真上はアートのECサイト「OIL by 美術手帖」。写真下は「ボルボ スタジオ 青山」で行われたアートイベントの展示風景。

CROSS TALK 2

売り場づくりの神髄は「編集力」にあり

× 大丸松坂屋百貨店 清水宏

（本社 営業本部 事業推進室 新規事業推進・ブランド開発事業部長 兼 アミューズボーテ事業部長）

野口さんと清水さん。男子なのに
「女子力」の高い2人がつくった百貨店の新しい売り場。
その詳細を、語り合います。

野口　清水さんは、百貨店の化粧品部門で30年以上お仕事をされている、とても女子力の高い方です（笑）。そんな清水さんと一緒になってつくったのが、札幌大丸店、松坂屋名古屋店にある「KiKiYOCOCHO」というフロアでした（37ページ参照）。さまざまなブランドのコスメや雑貨、フードがひとつのフロアに一堂に会していて、それぞれの店舗で自由に「お試し」ができるのが特徴です。

雑誌づくりをメインとしたデザイン会社が百貨店の売り場づくりを手伝う、という面白い仕事でしたが、雑誌つくりの経験を生かし、みなさまのお役に立てたのではないかと感じています。

清水　野口さんとの出会いは、とある取引先の社長に

清水宏（写真左）
HIROSHI SHIMIZU

1965年山口県生まれ。大学卒業後、株式会社大丸心斎橋店化粧品部門配属。以来、約30年間化粧品売り場責任者、本社バイヤー、商品部長を歴任。現在セルフのコスメショップ「アミューズボーテ」の全国展開を担う。併せて、新編集売り場や新規事業の開発をする事業部長も兼務。

「面白い人がいるから、会ってみない？」と持ちかけられたのがきっかけでした。第一印象は、「純粋な人」。私の話に真剣に耳を傾けてくれて、時々、思いもよらない質問を投げかけてくる。その様子が、いろいろなものに興味を持って、「なんで、なんで」と質問してくる子供みたいに見えました。話を進めていくうちに、野口さんのものの見方や考え方が、自分とは全く違うことに気づきました。それがきっかけで、私も野口さんに興味を持ったんです。

野口　私は、以前、「百貨店の売り上げは、旗艦店はいいけど地方は厳しい」と耳にしたことがありました。それで、清水さんに「どうして地方は土地面積が広いのに縦にデパートを建てるの？　商店街みたいに、横に長い百貨店があっても面白いんじゃない？」と質問をしてみたんです。すると、「その発想はいいね」とすごく面白がってくれて。

清水　最初に頼んだ仕事は、京都店の「アミューズボーテ（※さまざまなブランドのコスメを試せるビューティーショップ）」のショップバッグのデザインでした。

実は、初めて野口さんとお会いした際に「食べられる作品」として鶴屋吉信のモナカを頂いたんです。それが、思わず持ち歩きたくなるようなかっこいいパッケージで。

当時のアミューズボーテは、丁度ショップバッグをつくろうというタイミングでした。どんなデザインにするか迷っていたのですが、「野口さんに一任しよう」とビビッときたんです。ほかにも候補のデザイナーさんはいたんですが、ひと目惚れでしたね。

野口　アミューズボーテもKiKiYOCOCHOもそうなんですが、清水さんは実際に仕事を依頼してくる前に、「こんなことを考えているんだけど、興味ありますか？」という聞き方をしてくるんですよ。KiKiYOCOCHOの骨組みとなった考え方も、清水さんがつくったんですよね。最初は「きれい横丁」という、いまとは違う名前でした。

清水　きれい横丁を思いついた2016年は、飲食業界で「横丁ルネサンス」といった言葉が話題になるなど、「横丁」が注目された年でした。私もそれに乗っかって、女性の〝きれい〟を軸にした横丁をつくりたいと考えたんです。

また、ドイツのオーガニックの展示会「BIOFACH（ビオファ）」を訪れたこともきっかけでした。百貨店では、「探しやすく、購入しやすい」という理由で、カテゴリーごとの売り場配置を徹底しています。けれども、BIOFACHでは、「オーガニック」という大きなテーマのもと、コスメや繊維、ワインやチョコレートなど、すべての商品をバラバラに配置していました。それがすごく新鮮で、百貨店でもやってみたいと思ったんです。それで、「きれい横丁っていうのはどうかな？」と野口さんに相談したんですね。

野口　「面白そう！」と素直に答えたら、「じゃあ手伝ってくれない？」と言われて。軽い気持ちでOKしたんだけど、実際にふたを開けてみると、かなり巨大なプロジェクトでびっくりしました（笑）。

清水　確かに、いままでにない大きなプロジェクトになりましたよね。先ほども言ったように、百貨店はカテゴリーごとに舞台が決まっているんです。プロジェクトを進めるときも、食なら食、化粧品なら化粧品、婦人服なら婦人服と、それぞれの部門に分かれて作業していました。けれども、KiKiYOCOCHOでは、私がファシリテーターとなって、すべての部門の人たちが集結したんです。

野口　大丸札幌店の上層部や売り場マネジャーも巻き込んで、毎週テレビ会議を開いていましたよね。会議の人数は平均20人ほどで、いろんな立場の人が入れ代わり立ち代わり参加していた。全46回で、最大30人くらい集まったんじゃないかな。

清水　女性だけを集めて、女子会みたいな会議も開きました。百貨店を訪れるのは圧倒的に女性が多いので、彼女たちの本音を聞き出したかったんですよね。

アイデアをかたちにするのが難しい

野口　先ほども言ったように、清水さんにお話をいただいた時点でKiKiYOCOCHOの骨組みは、ほぼ完成していたんです。私にできるお手伝いといえば、「百貨店に詳しくないからこその気づきポイント」をお伝えすることかなと。

清水　会議を円滑に進めるためのお手伝いもしていただきました。最初の会議では、「ストライプ横丁」という案もいただいて。

野口　どんな会社でもそうなんですが、最初の会議って大体しーんとしてしまうんですよ。だから私は、絶対に採用されないであろう提案書を持って行く。人間ってワガママなもので、「ランチは何でもいいよ」と言うのに、「じゃあイタリアンにしよう」と提案されると、「それは昨日も食べたな」とか口答えしてしまうものなんです。なので、あえて物議をかもすような案を持って行くことで、「これは嫌だ」「もっとこうしたほうがいい」と好き嫌いを言い合える空気をつくるようにしています。

清水　宿題も出されました。「自分が最近ワクワクした体験をプレゼンする」だったかな。

野口　真面目な会議でつくった企画って、どうしても仕事っぽくて、お堅い感じになってしまう。それが悪いとは言いませんが、もっとお客様視点で、心躍るような体験をつくりたいと思っていたので。このプロジェクトでは、1年弱という長い期間をいただいたので、みんなのワクワクを丁寧に掘り下げることができました。

清水　最初は、「どんなお客様に、どんなことをするのか」ということに時間をかけましたよね。その方向性を決めるのに、2カ月くらいかかったかな。

野口　百貨店は30代で年収800万円くらいの女性をペルソナに描いているんですよ。でも、それだとリアリティーがない。だから、新しいペルソナをつくろうという話になったんです。それで、女性に話を聞いていると、「メークは面倒だけど、きれいでいたい」とか、「ケーキは食べたいけど、痩せたい」とか、複雑なことを言うと気づいたんです。そこから見えてきたのが、「わがまま女子」というキーワードでした。

清水　KiKiYOCOCHOは、「百貨店の中に横丁を入れる」という新しい考え方からスタートしているので、売り場にも、いままでとは違う考え方を導入することにしました。本当にゼロからつくったので、売場什器の高さ制限などもない状態で自由にデザインできましたね。カテゴリーも、当たり前のようにミックスされていて。

野口　好き勝手やらせてもらいましたが、MDの方々はすごく苦労されたんじゃないかと思います。メーカーからすれば、売り場は「食品売り場」「コスメ売り場」「婦人服売り場」と固まっているほうが売りやすいわけです。それをなぜ違うフロアで売るかということを、みんなが共感できるように伝える必要があった。

なので、企画書でも、なるべく世界感が見えやすいものをつくろうと意識しましたね。ガチガチの企画書だと、このプロジェクトの新しさやワクワク感が伝わりづらいと思ったので。

清水　今回のプロジェクトで一番助かったのは、野口さんが私の考えや気持ちを的確に表現してくれたことです。そして、それを社内資料として使用できるようにしてくれたこと。

私は、新しいことを考えるのが好きな人間です。けれども、それを言葉にしたり、ビジュアル化したりするのが本当に難しいと感じていました。

今回は、野口さんのおかげで外部の方が賛同してくれて、さらに資料まで作ってくれたことで、みんなを説得することができました。

もちろん、言葉やイラストで、自分のアイデアをかたちにしようとしたことも何度もあります。でも、なんだか使い古された言葉にしかならないんですよ。野口さんはそれを、キャッチーで的確な言葉にして、私たちの心を動かしてくれるんです。

野口　そうは言いつつ、清水さん、私のことを結構気軽に使いますよね（笑）。会議の前に呼び出してきたかと思えば、「社員のやる気がないから叱咤してほしい」とか、「今日は褒めてあげてほしい」とか、裏で難しいことばかり要求してくるんです。

清水　途中からは、まるで社員のようでしたよね（笑）。外部の人とは思えないほどの自然さでしたよ。

ショップ同士が助け会える売り場をつくる

野口　KiKiYOCOCHOの企画をスタートして以来、「横丁って何だろう」ということを考え続けてきました。「商店街のように活気のある場所なのかな」とか、「組合のように、みんなが助け合える場所なのかな」とか。

私の仕事はコンセプトをつくることですが、コンセプトには耐用年数というか、期限のようなものがあるんです。私が手を離した時点でなくなってしまったり、忘れられてしまったりするようなものにはしたくなかった。みんなが自分ごととして、自由に動ける仕組みをつくりたかったんです。

ヒントになったのは、私がとある商業ビルでスニーカーを買ったエピソード。「あなたには白のスニーカーが似合うけど、うちには置いていない。向かいのショップで買えばいいよ」と言われ、信頼関係が芽生えたという話です。そのスタッフは、自分もスニーカーが好きで、ほかのショップにも詳しかった。そして、「こういうスタッフは百貨店にもいるのか」と尋ねたところ、「ほとんどのスタッフは、隣近所の商品を知らない」と返ってきたんです。

清水　百貨店の売り場は、競争の場でしたから。私の担当していたコスメ売り場でも、隣近所のショップに詳しいスタッフはいなかったと思いますよ。ブランドごとに売り場がきっちり分かれているので、お客さんも商品を比較することができない。Ａブランドの口紅を持ったままBブランドのショップに行ったら、怒られてしまいますから。

　でも、野口さんに言われて気づいたんですけど、横丁とか商店街の人たちって、隣近所のことをよく知っているんですよ。「その商品なら、あの店にあると思うよ」とか、「ラーメンが食べたいなら、あの店に行けばいいよ」という情報を、当たり前に教えてくれる。百貨店にも、そういった助け合いの空気があってもいいなと思ったんです。

野口　札幌店の店長がカンファレンスを開いてくれたんです。そこでは、それぞれのブランドが小さなショップを出店して、自社商品のプレゼンや、お試し企画をつくってくれました。KiKiYOCOCHOにまいたいくつもの種に対して、店長やスタッフたちが自ら水をやってくれている、という感動がありましたね。

清水　KiKiYOCOCHOは、うちの社長もずっと楽しみにしていたんです。顔を合わせるたびに、「いつ完成するんだ」と、尋ねられましたから（笑）。報告会でも、たくさんの意見をもらいましたね。

野口　プロジェクトが始まるタイミングで、清水さんが社長と私を会わせてくれたんです。そのとき、私は自分から「成功させないと、お手伝いする意味がない」と言ってしまって。それで、「絶対成功させないと」という緊張感が出てきた。だからこそバトンを渡してもらえたし、内部の仲間として受け入れてもらえたのかなと。

清水　野口さんの会社とお仕事をして驚いたのは、メンバーの質の高さです。毎週の定例会議にも3〜4人は来てくれるし、メンバー全員に野口さんの考え方が共有されている。メンバー全員が同じ温度でプロジェクトを進めてくれるのは、本当にありがたかったですね。

実は、札幌大丸店には、このプロジェクトにあまり乗り気ではないスタッフもいたんです。けれども、回を重ねるごとに前向きになっていって、自分の意見もどんどん出してくるようになった。それは、野口さんの手腕かなと。

野口　KiKiYOCOCHOは女性のための売り場なので、女性がどう感じているかが知りたかった。「女性の意見が聞きたい」「何でも言ってほしい」と公言していたので、意見や要望も言いやすかったんでしょうね。

清水　ネーミングを、「きれい横丁」からKiKiYOCOCHOに変えようと提案したのも女性陣。私は、きれい横丁が気に入っていたんですけどね（笑）。

野口　ネーミングではやはり、ユーザーが愛情を注げるかどうかが大切になってくるから（笑）。だから、「女子会で、女性が愛情を注げる名前を考えてくれ」と言って、最後は女性陣に決めてもらいましたね。

ベタだけど横のつながりができた

清水　KiKiYOCOCHOのプロジェクトメンバーは、当時知らなかった売り場づくりのことや、他のカテゴリーの商品のことも勉強できたと思います。さまざまな知識が増えたし、話し合うという風土もできた。私たちも随分変わりましたね。2019年3月には松坂屋名古屋店にもKiKiYOCOCHOをつくりましたが、そこにも札幌大丸店での経験が大きく反映されています。

野口　それも、ただ移植したというのではなく、しっかりとローカライズできましたよね。

清水　そうですね。大丸松坂屋は、北は札幌、南は福岡まで店舗がありますが、お客様にヒアリングしてみると、どこもまた違った特色が出てくるんです。

名古屋の女性は、みんなとにかく名古屋愛が強かった。「名古屋には何でも売っているので、東京や大阪には行かなくていい。車もあるし、生活水準も高い」と、誇りを持っているんです。なので、キーワードも「わがまま女子」から「欲張り女子」に変えました。

野口　先ほど、大丸札幌店に「ストライプ横丁」という案を持っていったと話しましたが、松坂屋名古屋店には「勝負横丁」という案を持っていったんですよ。髪型の名古屋巻きといい、名古屋の女性にはギラギラしたイメージがあったので。すると、札幌以上に総攻撃を受けたんです。

清水　横丁という言葉にも批判が集まりましたね（笑）。名古屋という場所にふさわしい、自分たちなりのKiKiYOCOCHOについて真剣に考えてくれました。

野口　松坂屋名古屋店のフロアのオープニングで一番驚いたのは、各店舗に小さな本棚が設置されていたことです。この本棚は、松坂屋名古屋店のスタッフが主体になってつくったのだとか。きちんと選書もされていて、彼らの思い入れが伝わってくるようでした。それを見たときに、「ローカライズの主体になるのは、やっぱり地元の子たちなんだ」と感じて、うれしくなりました。そうきたか、とも思いましたし。

清水　KiKiYOCOCHOで働く各店舗のスタッフは、月に1度KiKi会という集まりを開催しているんです。各ショップのスタッフが、自分のおすすめのショップや、商品を発表し合うことで、親交を深めている。KiKi会が主体となったイベントなんかも開催していていいます。

野口　大丸札幌店も、松坂屋名古屋店もそうなんだけど、横のつながりができましたよね。ショップ同士で合同ノベルティをつくったり、隣のショップの企画を手伝ったりすることも多いみたいで。最近も、大丸札幌店でドライヤーブランドとヘアケアブランドがコラボイベントを開催しているのを見て、「ちゃんと機能している！」とうれしくなりました。

清水　売り場づくりで難しいのは、売り場をつくることそのものではなく、それを継続させることなんです。KiKiYOCOCHOをつくったことで、同フロアの来客数は3・5倍に拡大しました。けれども、この来客数を維持し続けるのが本当に難しい。

時代が変化するように、女性の気持ちも変化していく。それに合わせて、百貨店の売り場も変えていく必要がありますよね。いまはスタッフたちが率先して自分達のKiKiYOCOCHOを育ててくれているので、いい流れができているのを実感しています。

野口　うれしかったのは、札幌大丸店の方々に「いいオモチャもらった」と言われたことでした。このコンセプトでこれからも遊んでいく、というのは、最高の褒め言葉です。

売り場を編集する時代

野口　私はよく、お客に対して「急がばまわれ」「損して得とれ」と言うんですが、実際にそれができる人はなかなかいないんですよ。

清水　野口さんは、自分ごととして考えてくれるので、責任を持ってアドバイスしてくれるんです。単なる理想論ではなく、その方法までしっかりと示してくれる。いま、大丸松坂屋では、さまざまなことに挑戦していて、別件のコンサルもお願いしています。本当にお世話になっていますね。

野口　私も、清水さんには感謝しています。雑誌のデザイン会社である私たちに、売り場のコンセプトづくりを任せてくださったんですから。それを呼び水にするように、コンサルの仕事も多く舞い込んでくるようになりました。

清水　売り場も編集の時代ですよね。百貨店のフロアはカテゴリーごとに区切られていて、隣近所のショップ同士に見えない壁がありました。けれども、KiKiYOCOCHOでは、カテゴリに縛られない自由な配置ができて、ショップ同士のつながりもできた。それを、野口さんに助けていただきました。

野口　最近は、いろいろなショップが、さまざまな商品を雑多に売るようになってきて、ショップ同士をどうつなげるかを考える必要性が出てきました。そして、その〝つなげる〟という行為こそが編集なんだと気づいたんです。それが、私の経験と絶妙にマッチしているのかなと。

いまはカテゴリーミックスの時代なので、食品や雑貨などを雑多に置くだけで売り場が成立しています。けれども、ただ置けばいいというわけではなく、お客様に対して分かりやすい世界感、つまりコンセプトが必要です。KiKiYOCOCHOでは、大丸松坂屋の社員が一丸となってコンセプトづくりに取り組んだからこそ、唯一無二の世界観をつくることができました。そのお手伝いができたことを、誇らしく思っています。

40分 最近利き酒にハマってて、利きスイーツもあるし一番お気に入り！

25分 勉強になるし、気に入ったものがすぐ買えるのもいいよね。

5分 お一人様、うらやましい〜。もう少し落ち着いたら、私も来たい！

毎日通いたい♡
クラフトマンBar

利きバル

30分 ネイルのお姉さんにご挨拶。ブロウバーも気になる！入ってみよう。

30分 マツエクとネイルは月1で通うし、必要なメンテが集まってて便利！

30分 ハンドケア、30分でできるから時間がないママには嬉しい！

30ミニッツ、自分ケア！

beautyメンテナンス

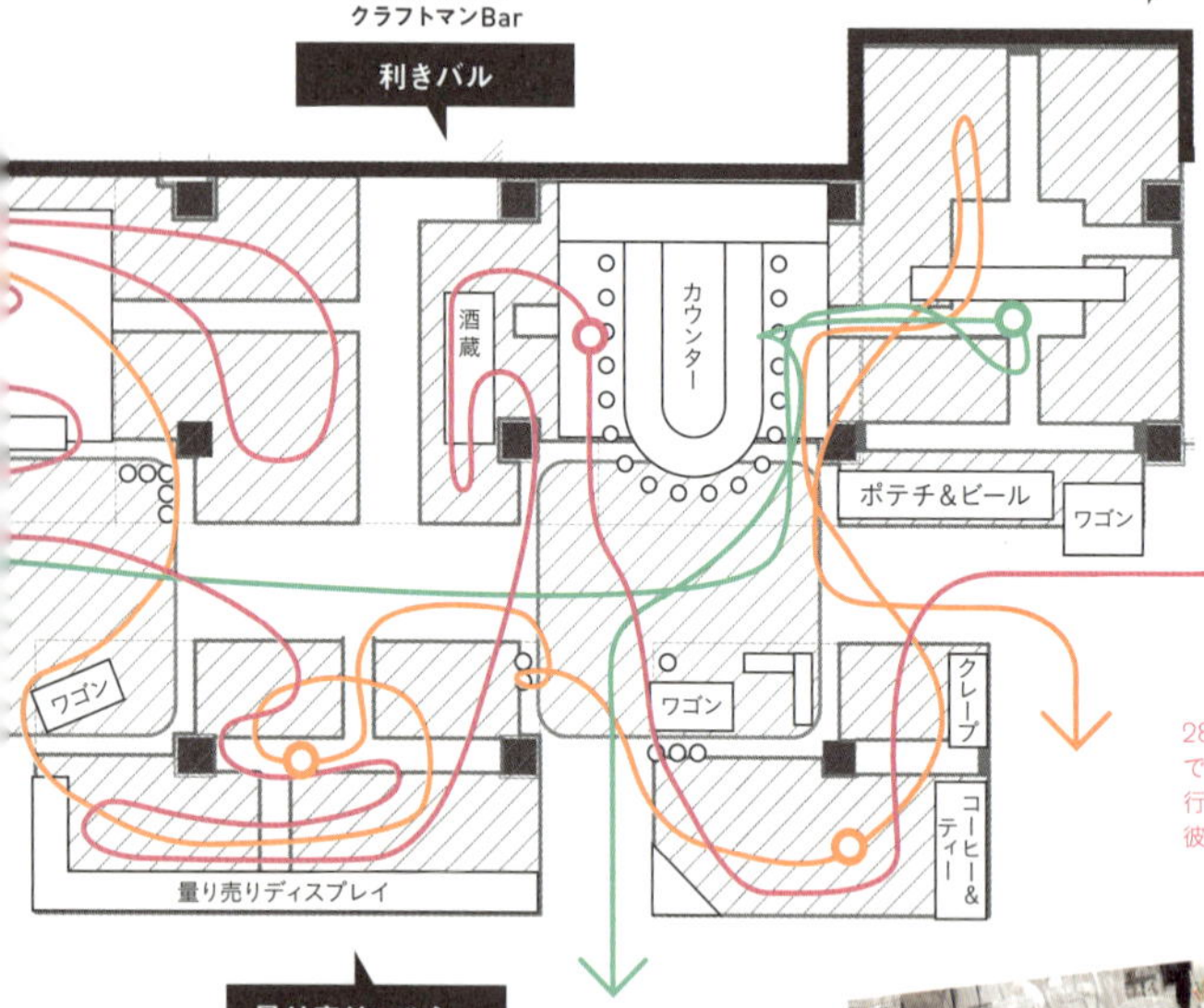

ワガママ開放型

A子 スタート

28歳、未婚。流行に敏感で興味のあることには即行動！ 自分磨き・女子会・彼との時間どれも大切！

量り売りマルシェ

ちょっとずつたくさん、
つまみ買い♡

15分 ドライフルーツやナッツ、種類がたくさんあって迷うな。

5分 オリーブオイルを食べ比べてみたら、奥深くってハマりそう。

10分 料理が好きだから、調味料とかちょっと試せるのは経済的！

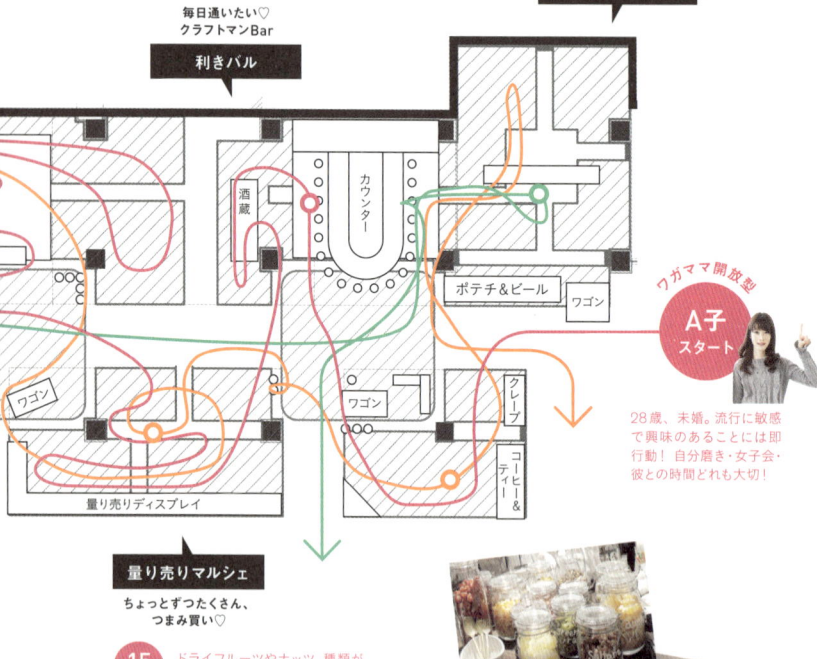

KiKiYOCOCHO Customer road line

KiKiYOCOCHOの開発初期に作ったプレゼン資料。顧客のリアルな特性を調査して「寄り道買い」の動線から滞在時間までを詳細に提案。これまでの「目的買い」と異なる新たなカスタマージャーニーを想定して店づくりを行った。

各ブロックでの平均滞在時間

● A子 ● B子 ● C子

動線上の○○○は
A子・B子・C子のお気に入りポイント

20分 最旬メイクは常にチェック！もうすぐ春だし、新色があるかも。

15分 御用達ブランドはあるけど今の自分に合ったものを見つけたい！

10分 タダで試せてすごく助かる。女のたしなみは忘れないように…。

ブランドを超えて
選び放題、試し放題♡

コスメバイキング

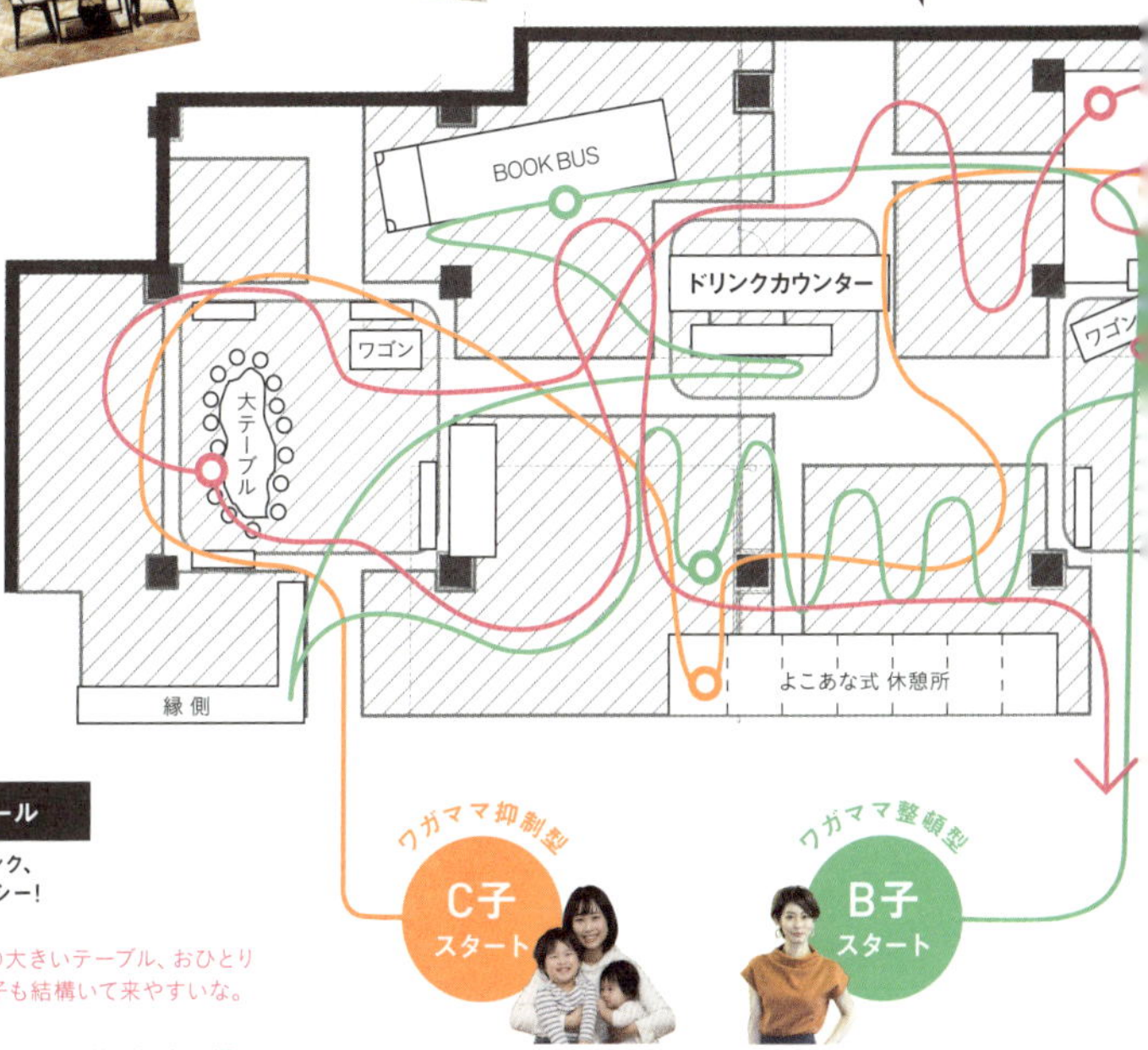

フードホール

今日はジャンク、
明日はヘルシー！

15分 ここの大きいテーブル、おひとり様女子も結構いて来やすいな。

40分 縁側でドリンク飲みながら、通りすがりの子の服装をチェック！

30分 子供向けの軽めのメニューから満腹系もあって親子で大満足！

36歳、既婚、子供あり。ムダ使いはできないし時間もない！ でもたまにプチ贅沢に自分にご褒美！

32歳、既婚。常にアンテナを張って情報収集＆センス磨き！ でもこだわりやLifeStyleは譲れない！

図面は提案時のもので実際の店舗とは異なります。写真は実際の店舗の写真です。

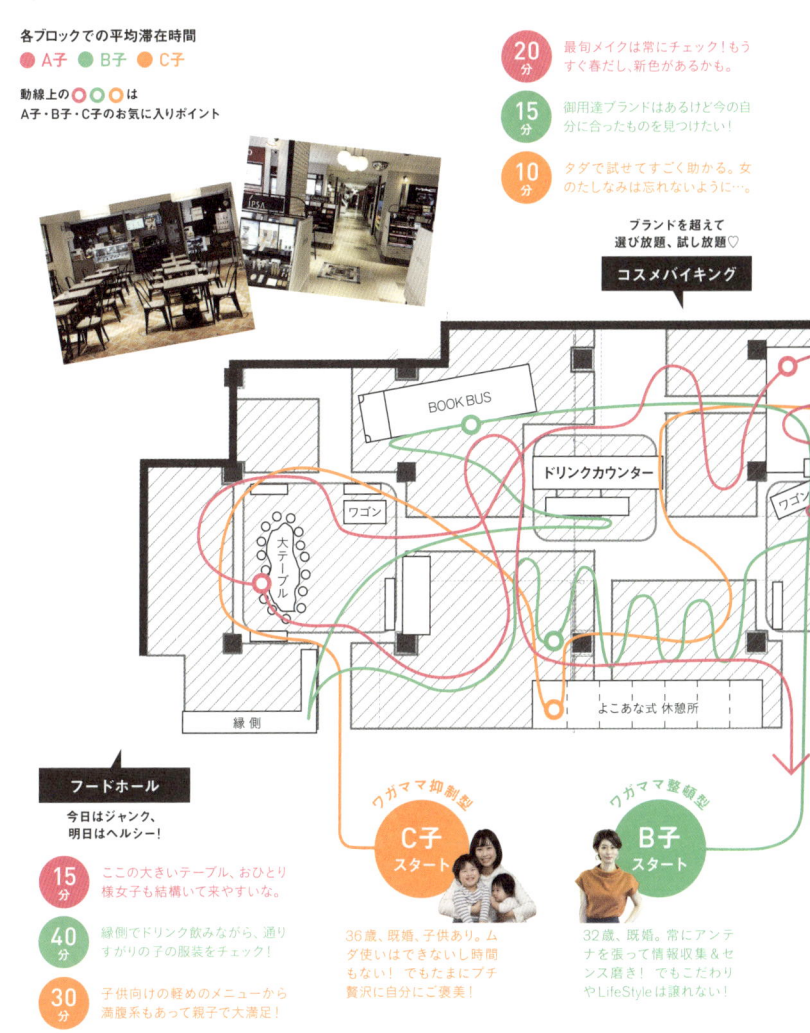

おわりに

この本を手に取っていただき、またここまでお付き合いいただき、ありがとうございました。この本を計画したのは２０１８年の秋頃。当初は半年くらいで書き上げて、春頃の発売を予定していましたが、結局倍の約１年かかりました。

私がデザイナーになって30年、会社を設立して20年が経過しようとしています。こんな私でも社会に受け入れられて何とかやってこられました。そんな私なりの節目において、「自分の経験を社会に還元できれば」と考え、自分の経験や考えを本にすることに決めました。

――世の中の人々にもっとデザインを使い倒してほしい。

私は今まであらゆる業種の企業の方々と取引をしてきましたが、デザイナーの力を使いこなしている人はそう多くなかったと思います。また、彼らと話をしているうちに、「デザイナーに仕事を依頼したいけれども、値段が高そう」「相手に振り回されてしまいそう」などの先入観から、二の足を踏んでいる人が多いことも分かりました。

当初は、皆様のなかにある不安を取り除き、デザインを活用してもらいたいという方向性から、「クリエイティブ業界とデザイナーを紹介する本」「デザイナーを上手に使うための本」などを書き進めていたのですが、途中でペンが止まり、うまく進行出来ませんでした。

そんななか、クリエイティブワークをしていると、「自分は新しいことを発見すると、とても達成感がある」ということに、改めて気づきました。過去を振り返ってみても、クライアントから、「アイデアマンだね」「その考え方が面白いね」と言われると、嬉しかったのを覚えています。

そうか、企業が抱える問題や、業界の広義な話をするのでは大きすぎる。自分だからこそできる話をすれば良いのだと、ようやくこの本の方向性が決まりました。

最初は、出版デザインで培ってきたアイデアの出し方をまとめ、シンプルで、誰でも使えるようにメソッド化することから始めました。

また、スポーツでもそうですが、ただ頭で理解しているだけでは、そのメソッドを使いこなすことはできません。なので、アイデア体質を鍛え、アイデアを使いこなすための「習慣」も、まとめて紹介することにしました。

本の仕事はずーっとやってきているのに、自分の考えをまとめて、相手に伝えることの難しさを改めて実感しました。

クリエイターの作る本は、過去の作品をまとめ、デザイン本という形式にすることが一般的です。けれども、私はただのデザイン本ではなく、ビジネスの現場で役立つ本が作りたかった。

これは恩師の言葉ですが、デザインは、無人島でのサバイバルに似ています。なにもないところから火をおこし、食料を探し、雨風しのげる場所を作る。デザインとは、知恵を絞り、考えること。つまり、人々が生き抜くための心の力です。けれども、デザインだけで社会を良くするには限界があります。人々の繁栄のためには、デザイン（アイデア）を活用するための仕組み作りが不可欠です。そして、その仕組みを作ること、それこそがビジネスなのです。

この本のターゲットは、生き抜く仕組みの源流にいる方々、まさにビジネスを築いている経営層の方々です。

良いアイデアは、物事の本質を理解することで成り立っています。そして、良いアイデアは、社会をより良くするための思想を持ち合わせている必要があります。目先の利益だけにとらわれず、より良い未来を作るために、経営の最前線でデザインの力を使い倒してほしい。この本が少しでもデザインの理解をうながし、より良い未来の創造につながることを願います。

また、私は、学生の頃に名著『アイデアの作り方』と出会い、自身の活動にもその教えを役立ててきました。この本が、誰かにとってのそんな1冊になってくれれば嬉しいです。

最後になりましたが、不慣れな著者を見放さず、まとめたい方向に導いてくださった日経BP社の丸尾弘志さん、拙い文章の修正を放り出さず仕上げてくださったライターの近藤彩音さん、大変感謝しております。お二人なしには出版出来ませんでした。

対談では、フォトジェニックでないおじさんを撮影してくださったカメラマンのYUKO CHIBAさん、メソッドをより伝わりやすい形にしてくださったイラストレーターの大川久志さん、習慣の章で想像力を掻き立たせる絵を描いてくださったSummer Houseさん、どうもありがとうございます！

著者がデザイナーであり、上司だというやり辛さにもめげず制作してくれた、弊社スタッフの高橋さん、鈴木さん、新井くん、佐野さんもありがとう。

また、ここにいたるまで私を育ててくれたアートディレクターの荒井健さん、藤本やすしさん、今までに関わってくださった全クライアントさま、皆さまがいなければ今の私はありません。人に恵まれてここまで生きてこれたのだと思います。

本当にありがとうございます！

野口孝仁 TAKAHITO NOGUCHI

1969年、東京生まれ。マガジンハウスにて「ポパイ」のエディトリアルデザインを担当。その後、株式会社キャップに4年間在籍し、99年株式会社ダイナマイト・ブラザーズ・シンジケートを設立。「エル・ジャポン」「装苑」「GQ JAPAN」「LIVING DESIGN」「ハーパーズ バザー日本版」「MilK JAPON」「東京カレンダー」「FRaU」「美術手帖」「日経ビジネス」など人気雑誌のアートディレクション、デザインを手がける。現在ではそのエディトリアル発想を活かし、CI/VI・プロダクトデザイン、サービスアイデア、企業ブランディングワークにも数多く携わる。

［講師］宣伝会議「アートディレクター養成講座」、「企業のための編集物ディレクション基礎講座」、「デザインシンキング実践講座」ほか
［TV出演］NHKトップランナー
［受賞歴］One Showメリットアワー、reddot design award、German Design Award International、IF Design Award、A' Design Award&Competition、日本パッケージデザイン大賞

THINK EDIT

編集思考でビジネスアイデアを
発見するための5つの技術と10の習慣

2019年10月15日 第1版第1刷発行

著者	野口孝仁
編集	丸尾弘志 近藤彩音
プロジェクトマネージャー	高橋梢 (Dynamite Brothers Syndicate)
デザイン	新井勝也 鈴木麻祐子 佐野智香 (Dynamite Brothers Syndicate)
写真	YUKO CHIBA [Chapter 5]
イラストレーション	大川久志 [Chapter 2] Summer House [Chapter 3]
発行者	高柳正盛
発行	日経BP
発売	日経BPマーケティング 〒105-8308 東京都港区虎ノ門4-3-12
印刷・製本	図書印刷株式会社

ISBN978-4-296-10399-7 Printed in Japan